薩提爾模式×非暴力溝通

第一本教你將怒氣轉為正向教養力的親子對話指南

高情商媽媽的說話術

育兒專家 金芝惠◎著

＊書中出現的指導個案，都徵詢過當事人的同意收錄於本書。為了保護當事人隱私，部分個案姓名採用假名。

專文導讀

自己的怒火由自己負責

臨床心理師　洪仲清

「明明自己在這世界上最愛的就是孩子，卻忍不住口氣很衝地罵了他，是不是覺得這樣的自己令人討厭？已經下定決心不要再發脾氣，又馬上被氣得破功時，是不是覺得自己不可理喻？火冒三丈怒吼完之後，是不是又擔心孩子受傷而滿心愧疚、深深自責？看見隔壁媽媽遇到各種棘手狀況也不生氣，還可以輕聲細語對孩子解釋，是不是很羨慕？」

光是作者在序文的這一段說法，我猜就打中了許多媽媽的心。因為媽媽被要求為家庭背負的有形無形責任很多，像是又希望孩子安樂，又期待孩子成熟獨立，相反的力量在心頭糾結拉扯是日常。越是在乎，就越是敏感，也越是起落得劇烈！

而在跟孩子互動的同時，常能勾引起我們童年的回憶—最是脆弱依賴的人生時刻。我們莫名的情緒因此而翻湧，正等待我們好好探究。又或者，我們其實也知道，工作上的不順心，婚姻上的委屈，常會遷怒到孩子身上，或者被孩子引爆。怒氣不完全跟孩子有關，卻由孩子承受。所以媽媽自責有理，卻又常不知道從何調整起。

作者以「生氣」這個情緒為出發點，由此延伸探索我們的內在世界。重點不在不生氣，而是走向我們的身心安頓，並且跟孩子保持適當的親密。這本書的架構，從社會文化乃至於個人生理層次，把生氣的脈絡理得清晰。大至權力相互傾軋所營造的負面環境，小至媽媽的體力耗竭，都可能是生氣的遠因或近因。

「人如果在無意識中帶有羞恥感及不安感，就會怕自己軟弱的樣子招來輕視或責備，而不希望被人察覺。然後為了消除並隱藏這種自己覺得幼稚的情緒，就會演變成生氣。只要一生氣，對話的焦點就能轉到對方身上，不用再面對自己真實的情緒，還可以透過生氣釋放出『問題在你身上，不是我』的訊息，讓自己更占上風。」

這段細膩的覺察，把生氣的重要「好處」講得清楚。生氣常作為一種切割的動作，好像只要一生氣，都是別人的錯，都是別人要改變。因此，生氣也可以是一種逃避，逃避面對更深層的自己。為了帶領讀者更細膩地抓住自己生氣的起伏轉折，作者使用了幫助生氣分級的方式。用這種方式把自己的生氣梳理一遍，能讓自己重新從身體感受開始，而不是習慣性地告訴自己「我很生氣」，然後又在極短時間內以反射性的方式發洩怒氣。

別小看這種簡單的練習，長期為生氣分級，可以讓自己更敏感於容易生氣的情境，便於事先預防。在怒氣還沒開始前就先行預防，相對於等到怒氣已經發生了，才要讓自己消氣，兩者相較起來，事先預防所耗損的時間精力成本，小得多了！然後，能更快感受自己的生氣，好處多多。生氣當下就懂得離開現場，暫時停止，小事就不會發展成大事，讓大家更頭痛，對身體健康也有正面影響。

「…孩子不聽父母的話其實很正常，畢竟他們也有自己的情緒和需求。不只是孩子，所有人都一樣，每個人都會為了滿足自己冰山中的期待及需求而行動，孩子並沒有義務要滿足媽媽的需求。媽媽的情緒和需求是媽媽自己的責任，不該因為孩子沒有照著我們的要求做就罵他。與其責備，不如配合孩子能做到的水準，明確表達出我們的期待……」

這本書的舉例很具體，是看完馬上可以拿來實用的那一種，而且稍稍修改裡面的字句就能應用，看得出來作者的經驗相當豐富，所以相當精準地回應了教養的困境。而且非常難得的是，作者使用了多種方式來分析家庭裡的互動，幫助媽媽更了解自己。以上面這一段文字來說，作者使用了美國家庭治療師維琴尼亞．薩提爾（Virginia Satir）著名的冰山理論，從行為、應對姿態、觀點（認知）、感受，可以一層一層追溯到渴望、期待、自我。而且作者心胸具有相當的開放性，不會認為孩子就理所當然要滿足大人的要求，願意尊重孩子的獨立性。這樣的價值觀能公開在韓國進行討論，我相當佩服作者。

「如果把生氣情緒用來發掘媽媽本身的需求，而不是用來責備孩子犯的錯，那麼每次的生氣反而都能讓我們更了解自己想要什麼。」

在作者的引領之下，生氣反而是我們成長的媒介。生氣就像是一種提醒，提醒我們得要注意照顧自己。我自己的說法是，要常回到身體裡，去覺察或休養，尤其是情緒跟健康的關係密切，這也是我認為要照顧自己很好的切入點。不過，作者的講法，更是具體好執行。

「緩和怒氣最有效的方法，就是仔細觀察身體的變化，當場感受看看原本處於靜止狀態的臉、手腳、胸口和頭出現了什麼改變……」

一邊套用不同理論解析生氣的成因，一邊順手就能給出大大小小實用的建議。看這本書，就像尋寶遊戲，常常不經意在字裡行間，都有那種像挖到寶的驚喜。

「生氣跟發脾氣不一樣，生氣是一種情緒，我們沒辦法選擇，但發脾氣是一種行動，屬於可以選擇的範圍。」

像這一句就可以當金句使用，除了簡潔明瞭，而且又很有實質內涵。對我來說，作者不只是理論與實務兼具，還有不錯的文字能力。

既然發脾氣是一種行動，那麼，有效地溝通我們的情緒，也是作者著力甚深的部分。因此看這本書，可以學到如何自我肯定地表達，這基本上就是設立人際界線的關鍵。從這個角度看，這本書不只適用「媽媽」這個角色，各種角色扮演都可以參考。只是說，作者常以家庭情境舉例，所以內容稍稍修正，在職場、針對各種關係，這本書都能應用。

畢竟人難免生氣，但好好發脾氣，則需要學習。我已經等不及要跟各位朋友分享這麼好的內容，期待這本書早日上市，嘉惠眾人。

序 了解「生氣情緒」，就能了解心情

生活中到處都可以看到「生氣情緒」的蹤影：它藏在九歲大兒子揍向小兒子的拳頭中；藏在老公業績不好在公司被罵、回家後臭著臉的表情上；躲在收銀員遇到奧客卻只能隱忍的聲音裡。哪有人能不生氣呢？至於養小孩就更不用說了，孩子半夜醒來哭個不停令人生氣；孩子在冷颼颼的冬天吵著要穿短袖令人生氣；家裡一團亂，老公卻只是盯著電視也令人生氣。公公婆婆不幫忙帶孩子，還一直要求東、要求西地使喚自己時，看到自家爸媽對自己冷酷無情、卻對孫子百般疼愛時，心中都會冒出一把又一把的無名火。天下哪有媽媽能不生氣呢？

我們常碰到生氣的事，卻不太了解「生氣」是怎麼一回事。人為什麼會生氣？生氣時是發洩出來比較好、還是忍住比較好？孩子耍脾氣時，父母要容忍到什麼程度？能自信滿滿地回答這些問題的人，只占了極少數。在國高中念書的時候，學校教了英文、數學，卻沒教過要怎麼處理情緒，結果每次只要一生氣，我們的腦袋就會亂成一團。明明自己在這世界上最愛的就是孩子，卻忍不住口氣很衝地罵了他，是不是覺得這樣的自己令人討厭？已經下定決心不要再發脾氣，又馬上被氣得破功時，是不是覺得自己不可理喻？火冒三丈怒吼完後，是不是又擔心孩子受傷而滿心愧疚、深深自責？看見隔壁媽媽遇到各種棘手狀況也不生氣，還可以輕聲細語對孩子解釋，是不是很羨慕？

生氣，是所有情緒當中最複雜的。明明覺得抱歉，卻表現出不耐煩；明明感到失落，卻選擇大吼大叫；明明是生老公的氣，卻對孩子發飆；還有些時候其實是煩惱自己的未來發展，或因為準備重返職場而焦躁不安，卻把怒氣發洩在老公和孩子身上。塵封的傷疤被揭開時會生氣，試圖掩飾不想被人察覺的心理陰影時也會生氣。生氣跟其他更深層的情緒相互關聯，也跟需求和信念密不可分，所以進一步學習「生氣情緒」，就能更深入理解一個人的內心世界。

我自己也琢磨了很長一段時間，內心痛苦煎熬時該怎麼辦？平和的心境究竟要從哪裡找起？想調整好自己的心態、又不想被別人的指責而動搖時該怎麼做？還是這些都只是天方夜譚？歷經二十多年的探索，這些疑惑在我旅行、冥想、做瑜伽及講授輔導課的過程中不斷牽引著我，我幾乎等於是重修了「情緒調節與溝通」這門課。我學會接納自己的心，而不是去控制它；學會了解對方的心情、跟對方心意相通，而不僅只是精進人際關係和溝通的技巧。經過多次的嘗試錯誤之後，我不僅了解了自己的心，也更貼近對方的心。

本來只是在家帶小孩的我，在一次偶然的機會下，被邀請去幫媽媽們上課。其中一門是帶著媽媽做生涯規劃的輔導課——「媽媽培訓班」，還有另一門則是以非暴力對話法（NVC：nonviolent communication）為基礎的「對話課」，在課堂上跟多位媽媽一聊才發現，原來不是只有我長期被這些情緒和溝通問題困擾。還有媽媽對我說：「講師，我學過很多的對話法，可是只要一生氣，腦子就會一片空白、抓孩子來開刀。請您幫幫我，讓我少生點氣吧！」

我看到很多媽媽，往往對孩子發完脾氣之後都會懊悔不已，但卻又不斷反覆上演這個過程。仔細觀察媽媽當下的生氣情緒，會發現那不單只是生氣，還摻雜了別的情緒；或是其實起因並不在孩子身上，而是由於其他事情才引爆了怒火。有些媽媽生氣不會發洩出來，因為她們更習慣壓抑；也有些媽媽一旦生氣，就會不斷自責、痛苦難受。

她們也跟我一樣，沒辦法果敢斷開情緒的枷鎖，一方面討厭惹自己生氣的對象，另一方面又不斷怪罪生氣的自己。我很想把自己學到的經驗告訴大家，於是開始著手寫下這本書。我們內在的生氣情緒，可能會發生在各種複雜的人際關係中，所以我認為不僅是針對親子關係，身為一個母親可能會經歷的所有狀況，都需要更具體、全面地處理。

我把自己學習、了解的部分，還有授課的所有內容，完整地收錄在這本書中。為了能帶給各位媽媽最大、最實用的幫助，我在撰寫這本書的時候真的絞盡了腦汁，相信不論媽媽們面臨何種狀況，都能從本書中有所收穫。

全書一共分成五個章節。

• 第一章會先提出一般人對生氣的種種誤解和迷思。在這一章節中，你可以了解如何區分怒氣及其他情緒，同時釐清自己生氣的真正原因。

・**第二章會介紹生氣當下的因應措施**。包括：如何快速讓自己從生氣狀態冷靜下來、在怒氣化為言語和行動之前應該考量哪些部分、孩子和父母都處於生氣狀態的話要怎麼調解、用什麼方法管教孩子才能同時顧及他的自尊，以及不小心發了脾氣之後可以用什麼方法道歉等。

・**第三章的內容提到當孩子生氣時該如何應對**。孩子為什麼會愛生氣？孩子生氣的時候要先確認什麼？另外本章也收錄解讀孩子內心，以及培養孩子情緒調節能力的方法。

・**第四章會針對「有沒有可能當一個不生氣的人？」這個問題，給予相關回答**。從預防生氣的生活習慣，到如何卸下自己心裡的既定觀念、坦然接受現況，都會加以說明。

・**第五章則是針對媽媽們實際遇到生氣狀況時的困擾，提出實戰對策**。無論家中寶貝是講了五六遍依然不聽話、什麼事都怪媽媽的孩子，個性彆扭的老二，還是因為分離焦慮症（Separation Anxiety Disorder，簡稱SAD）而天天哭鬧……，本章會告訴媽媽們該怎麼解決總是讓人一肚子火的惱人狀況。

生氣並不只會單純引發家庭內部的問題，從社會上的權力階層濫用職權、作威作福開始，再到幼稚園的虐童案、校園暴力及霸凌、隨機犯罪等等，近年來這類心理問題衍生出來的弊端層出不窮，而這些都跟習慣性生氣有關。就像貧窮和家暴容易代代延續，生氣也會一代接著一代，而且還具有從上到下的特性。董事長對總經理生氣，總經理對經理生氣，經理對主任生氣，主任對妻子生氣，妻子對老大生氣，老大對老二生氣，老二又對比自己更弱小的朋友生氣。怒氣一層一層地往下流、環環相扣，最後遭殃的就是孩子。如果不想讓孩子繼續淪為生氣的犧牲者，就需要有人出面終止這種惡性循環。而這個角色的不二人選，就是正在閱讀本書的我們。

希望我們在受到不當的對待時，都能正確地抒發怒火；希望我們不要再讓孩子淪為無辜的出氣筒；希望我們就算對孩子生氣也不要留下傷害；更進一步，還希望我們在生氣時不要跟家人互相攻擊，而是能接收到彼此渴望被理解的心。這段漫長旅程的出發點，其實就在不遠處。自己的怒火，由自己負責。

現在，就讓我們開始這趟探索之旅吧！

目錄 contents

第4章 生氣居然可以預防？

第5章 生氣時就這麼做！正確發火實戰演練

第1章

誤會大了！「生氣」跟我們想得不一樣

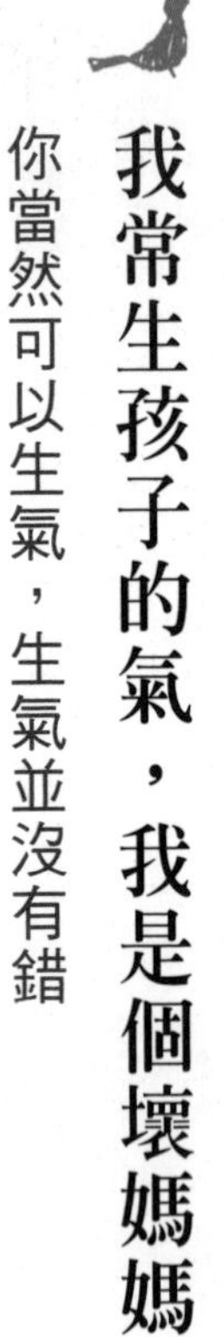

我常生孩子的氣，我是個壞媽媽

你當然可以生氣，生氣並沒有錯

「我剛剛又對孩子發脾氣了……我真的是個壞媽媽。」

「兩歲的孩子開始不聽話，常讓我火大，該怎麼辦？是不是因為我這個媽媽人格不好？本來想生第二胎，又覺得自己沒資格當媽媽，還是算了！」

上面這兩句話，是我在網路上連載「媽媽的發火指導課」文章時收到的部分留言。不只一個媽媽會在對孩子發完脾氣後懊悔，暗自落淚。媽媽們常會因為對孩子生氣而自責，把「壞媽媽」的標籤往自己身上貼，然後下定決心：

「我明天絕對不要再生氣了。」

不過，到了隔天卻又被氣到爆炸，怒火並沒有因為決心而減少，對自己的責備也從來沒停過。在這樣的惡性循環之下，甚至嚴重到讓「白天生氣、晚上反省」變成了媽媽們的生活例行公事。

很多育兒書都說：「生氣會毀了孩子。」可能也因為這樣，當我跟媽媽學員們聊到「生氣」這件事情時，發現大家都對生氣有些誤解，其中最大的誤會就是：「不可以生氣」。雖然媽媽們嘴巴上都會說：「養小孩當然會有生氣的事啊！」、「孩子犯錯，本來就會生氣嘛！」卻又糾結地希望自己能成為一個「不會生氣的溫暖媽媽」。

為什麼不能生氣呢？人真的有辦法不生氣嗎？我們都只是凡人，不像佛祖或耶穌一樣是聖人，「不生氣」是不是個不切實際的目標？在努力不生氣的過程中，我們又會失去什麼？

從不生氣的媽媽，是只會出現在育兒書上的夢幻媽媽。現實中的媽媽都會生氣，只是程度各有不同罷了。那我現在的脾氣到底有沒有問題呢？

想知道的話，就來做個簡單的憤怒自我檢測吧！請試著回想過去六個月中自己的感受或是從旁人口中聽到的話，回答下列各個項目，最後再把「是」的項目分數相加即可。

1. 不太能應變自己神經質發作的時候。（1分）

2. 生氣讓你不知所措又自責。（2分）

3. 有人說過你表達生氣的方式有問題。（2分）

4. 你曾經因為表達憤怒而導致家庭、職場、朋友或家族間的重要關係遇到瓶頸。（3分）

5. 曾經有很重視你的人強烈建議你尋求幫助以控制脾氣。（3分）

6. 你曾經因為表達憤怒的方式陷入嚴重問題。例如在職場上被記過警告、在街上鬧事被捕、觸犯法律、造成別人受傷、自殘，或面臨分居、離婚等狀況。（4分）

合計：＿＿＿＿分

《為你的生氣負責》（Taking charge of anger，Robert Nay著，SigmaPress，2015）

計算總分時，2分以下屬於平均值，大部分的人生氣都是這個程度，只要維持原樣就可以放心了。分數落在3到5分的人，未來要進一步改善，如果放著不管可能會損害人際關係，需要努力培養控制生氣情緒的能力。要是合計在6分以上，尤其是第6題的答案為「是」的人，當務之急就是要趕快改變，最好能立刻針對控制憤怒方面，尋求精神科醫師或心理治療師的幫助。

如果分數落在1到2分卻覺得：「我太常生氣了、我問題一大堆。」這樣就對自己過於嚴苛了，要多認定自己的努力與付出，對自己的情緒和需求也要寬容一點。相反地，如果3分以上卻認為：「這種程度的生氣每個人都會吧？不是什麼大問題。」這樣就太輕忽問題的嚴重性了。沒有解決的生氣情緒，是蠶食健康、損害人際關係的元兇。

當然我們不能單憑這些分數來區分是「好媽媽」還是「壞媽媽」，因為「好壞」跟個人價值有關，每個人的判斷標準也不同。有的媽媽認為用有機食材幫孩子準備健康的飯菜最有價值；有的媽媽則認為，就算孩子要吃過甜的垃圾食物，也要尊重孩子的自主權才最有價值。給孩子最好的教育環境，但情商不高的父母，和情商極高卻不重視孩子飲食、衣著的父母，兩者當中哪一種比較好呢？答案左右於個人判斷。生不生氣，也只是眾多判斷的標準之一。

覺得「生氣就是壞媽媽」，這個想法隱含了「生氣就是壞人」、甚至「生氣是壞情緒」的前提。舉例來說，我曾看到某位鄰居家的老奶奶，她孫女因為在幼稚園做的卡片被撕破了而鬧脾氣，老奶奶對她說：「生氣就是壞人喔！講話好聽一點。」還有一個媽媽聽到五歲的女兒大叫：「吼，煩耶！」頓時嚇一大跳，緊抓著女兒的手說：「不可以這樣說！這樣說的話，好事都會變成壞事喔！」生氣真的不好嗎？生氣和煩躁都必須被消滅嗎？不能發脾氣、也不能覺得生氣嗎？一直不生氣、不煩躁就真的是件好事嗎？

生氣，不分時代、地區、年齡、性別，是人普遍擁有的情緒之一。心理學家指出，人的主要情緒反應大致可分成五到十種。其中美國心理學家羅伯特・普拉奇克（**Robert Plutchik**）將情緒反應分為八種（恐懼、憤怒、快樂、悲傷、信任、厭惡、期待、驚訝），同樣是美國心理學家的保羅・艾克曼（**Paul Ekman**）則將情緒反應分為六種（恐懼、憤怒、幸福、厭惡、悲傷、驚訝）。在《腦筋急轉彎》（Inside Out）這部深受孩子們喜愛的動畫電影中，將五種代表性的情緒擬人化，出現了樂樂（Joy）、憂憂（Sadness）、怒怒（Anger）、厭厭（Disgust）和驚驚（Fear）這些角色。不管用哪種分類方式，都沒有漏掉「生氣」。人類悠久的歷史以來直到現在，「生氣」這情緒都沒有消失過，就是因為生氣情緒有它負責的正向功能。

生氣情緒的主要功能是自我保護，當人受到不當待遇、面對無理要求、想走的路被阻擋時，就會拉起「生氣」的警報。這是一種訊號，表示：「發生問題了，需要解決！」如果抱持「生氣很糟糕」的態度，就會讓人輕忽這些訊號，導致被不當對待時依然保持沉默、面對無理的要求也不敢拒絕，甚至停下原本所走的路而繞遠路。「生氣情緒」就跟其他情緒一樣不該被消滅，我們反而應該像朋友一樣聽聽它想說些什麼。

當然，生氣的「情緒」和生氣時做的「行為」是兩回事。有些行為不管再怎麼生氣都不能做，例如咬人、捏人、打人等暴力舉動絕對不可取，而像是「都是因為你，我受不了了！」、「要是你敢那樣做，我絕對不會放過你的！」這些言語暴力，或是口不擇言的謾罵，也都是明顯的錯誤行為。固然要接受自己生氣的真正情緒，但也應該要把行動轉換到好的方面才對。

所有媽媽都會在自己的崗位上，運用自己的一切知識和經驗為孩子付出。正在閱讀本書的你也是這樣的吧？不過有些媽媽卻給自己貼上標籤，說自己「沒資格當媽媽」，甚至說自己是「壞媽媽」，是不是對自己太苛刻了呢？

常生氣的媽媽不是壞，是太累。因為第一次帶小孩而緊張不安，面對永遠做不完的家事、要節省開支的經濟壓力，再加上跟老公之間時不時的摩擦，都會讓媽媽們心力交瘁，情緒調節能力也直接掉到谷底。常生氣的媽媽不是壞，是太忙。為了符合社會的標準和旁人的期待，逼著自己跟孩子不斷往前跑，根本無暇去感受自己情緒變化的細微癥結。

常生氣的媽媽不是壞，是有渴望。孩子想得到媽媽的關心時會大叫「媽媽好討厭！」；就像這樣，媽媽們渴望被愛、被認定卻無法將「我想被愛！」說出口，所以才會生氣。常生氣的媽媽不是壞，是太心痛。因為心太痛了，自己不想再看到，也不願被人看見，於是就一層一層地披上生氣的盔甲。在看似堅固的盔甲內，其實藏著媽媽們不想碰觸又痛徹心扉的長久創傷。

爲什麼我每天都動不動就生氣

其實媽媽們會生氣都是有原因的

我問那些來參加發火指導課的媽媽：「通常什麼時候會讓你生氣？」最多人回答的就是：「小孩不聽話的時候」。叫孩子好好走路、不要用衝的，他卻偏偏用衝的；叫孩子乖乖吃飯，他卻到處跑來跑去；叫孩子要跟朋友好好相處，他卻動手打人；到了要上幼稚園的時間、催促孩子動作快一點，他卻玩積木玩得超投入，叫都叫不動。等孩子稍微大一點還是這樣，一放學回家就玩電腦，或是手機、平板不離手。

孩子不聽話的狀況多到數不完。孩子還小、聽不懂人話，媽媽會生氣；孩子長大一點之後，聽懂人話卻還是不聽話，媽媽也會生氣。同樣一句話要重複好幾次的時候，還有小孩一而再、再而三地犯錯的時候，媽媽都會生氣，甚至覺得無力。就算媽媽們心裡都知道，不可能有孩子會對父母的話百依百順，但還是會生氣。

人生氣的原因大致上有三種。

第一，是因為在達成目標的過程中被妨礙。假如晚上想趕快把孩子哄睡再去看個連續劇，但孩子就是不睡，這種時候不會生氣嗎？孩子好不容易睡著，終於可以坐到電視機前了，偏偏這時老公喝得醉醺醺地回來又把孩子吵醒，難道不會更生氣嗎？每個人都希望能在期限內達成自己設定的目標和計畫，沒辦法如願的時候就會生氣。

第二，是因為被踩到底線。每個人在空間、時間和心理上，都有一條覺得有安全感的底線。像是不住在一起的公婆，沒事先聯絡就自己開門進來；或是自己還在哺乳，卻有人沒先敲門就貿然開門闖進哺乳室，這時生氣的原因都是因為「底線」被踩到。自己心愛的東西也算是一種底線，例如自己喜歡的包包被孩子亂塗鴉時會生氣；沒說一聲就把老公珍藏的釣竿清掉時，老公也會生氣，這些都是因為不能跨越的底線被侵犯了。

最後一個原因，是因為自尊心受傷。所有人都希望自己的存在價值能被認定，也想得到別人的尊重，所以一旦被輕視，難免就會浮現生氣情緒。要是聽到老公說：「帶小孩有什麼好辛苦的，你到底做了什麼需要每天哀哀叫？」或聽到婆婆說：「你老公一個人賺錢太辛苦了，你也不要只是在家裡閒著，好好考慮一下怎麼幫忙賺錢吧！」又或是聽到自家媽媽說：「你家裡怎麼亂成這樣？就算帶孩子再累，也稍微整理一下吧！」當媽媽的人聽到這些話，自尊心就會受傷，外加瞬間被惹毛。

有位媽媽叫作敏智，她的狀況正好是這三種因素的綜合版。敏智有兩個孩子，一個七歲、一個四歲，剛開始她先從正職轉兼職，勉強還能邊工作邊帶小孩。不過後來房租大漲，全家從市中心搬到外圍的郊區，上下班時間拉長，她負荷不來，最後還是辭掉了工作。原本在公司得到的認定與成就感，讓她還能勉強撐起一個「家庭、工作兩頭燒」的職業媽媽角色，但失去了能得到認定的工作後，讓她難以找到自己的存在價值。老公還說：「在家帶孩子有什麼辛苦？我賺錢養家更辛苦啊！」下班回家從不幫忙做家事、帶孩子，再加上小的還沒上幼稚園，敏智一天中連一小時的個人時間都沒有。不僅如此，家庭的總收入減少，孩子的餐費和教育費的支出卻一直增加，經濟壓力也越來越重。就算她想存錢、買房子、重返職場，也覺得這些目標全都遙不可及。

敏智說她總是在生氣、動不動就會對孩子大小聲。老大纏著她說：「媽媽為什麼不買玩具給我？」她聽了就會覺得煩；老二黏人、什麼事都吵著要媽媽陪，也讓她想發火。加上經濟上沒辦法跟娘家切割，爸媽常向她伸手要錢，這也讓她一肚子委屈，就更不用說那個從來不關心家裡大小事的老公了。

辭掉工作後，敏智每天都像刺蝟一樣豎起尖尖的刺，旁邊的人一碰到就會被刺傷。她的生氣情緒是從哪裡來的呢？敏智的怒氣來自於「自尊心降低」。明明自己的能力可以獲得公司肯定，卻得要切換到「主婦」模式，無法發揮長才、失去經濟能力，連帶讓家人和自己都無法認定自己的存在價值，這一點造成的失落感，也是她為什麼老是生氣的原因。如果在這種情況下還逼問她：「你幹嘛每天生氣？有什麼好氣的？」她的怒火就會像滾雪球一樣越滾越大，最後把自己和家人燒得體無完膚。

幫敏智進行個人諮詢的時候，她一一把自己的憂鬱、失落，以及錯綜複雜的生氣情緒吐露出來，同時也體會到：「自己絕對需要工作」。但她不想因為這樣就回去當個要遠距離通勤的職業媽媽，也想好好陪孩子度過珍貴的童年時光。於是她找到方向，決定在孩子上國中前，先找個白天四五個小時的工作維持職場生活。清楚了解自己生氣的原因，以及「生氣」這個情緒所傳達的訊息後，敏智就能按照自己的想法設定未來方向，身心也因此變得輕鬆多了。

生氣不會沒有原因，每個人生氣都有理由。如果覺得「我就是生氣」或是「我也不知道為什麼生氣」，就表示自己需要更深入探討生氣這方面的議題。要是一直不明就裡地生氣，就該停下來好好觀察。

生氣的原因很多，處理生氣情緒的類型也不少，大致可分成五種。第一種是「壓抑型」。壓抑型的人就算生氣也不會表現出來，會礙於「有話好說嘛！」這種想法，不願意撕破臉而把自己的生氣情緒隱藏起來，有時還會否認自己正在生氣。雖然他心裡憋得難受，但身旁的人卻不知道其實他已經生氣了。長期忍耐、克制自己的情緒，到後來不只是對憤怒情緒，連對快樂和幸福等正向情緒感覺也會變遲鈍。這類型的人不太會自己下決定、比較喜歡跟著別人的意見走，優點是適應力強、較為友善、包容度高，不過也常被說優柔寡斷、心思很難猜透。也因為習慣壓抑情緒，可能會引起生理上的各種疾病。

第二種是「攻擊型」。這類型的人會毫不掩飾地表現出憤怒情緒，甚至會不假思索地罵髒話、出言恐嚇、羞辱別人、摔東西、打人等做出暴力行為，還強烈相信自己是對的，容易輕視別人的意見或情緒。大體上來說，這種人通常做事成效不錯、勇敢、主導性強，但是相對也比較粗暴、自私，容易在人際關係的經營上遇到困難。

第三種是「被動攻擊型」。這種人會用消極的方式迂迴地表達自己的憤怒，因為想把對自己的傷害降到最低，也不想破壞跟對方的關係。他們相當固執，卻不會直截了當表現出來，做事都會繞個圈子，面對別人的指示時不直說喜歡或討厭，而是會用拖延戰術來表達自己的憤怒。我們常聽到的「心機重、愛記仇」，就是這種人的主要特徵。這類型的人通常顯得小心謹慎、會為別人著想，但同時帶有強烈的憂鬱和不安感，屬於高敏感族群。

第四種是「迴避型」。這種人認為生氣是件糟糕的事，所以會想辦法盡快脫離生氣狀況。他們會告訴自己：「這沒什麼大不了的嘛！」、「別在意啦！」藉此降低自己的憤怒情緒，或用抽菸、喝酒、吃東西、打電動等方式逃避。但因為他們並不是直接誠實地面對情緒，當狀況變得難以收拾的時候，他們往往就會陷入各種成癮症狀。

第五種是「連結型」，也是我們所要達到的理想目標。連結型的人在生氣時會先跟自己對話，必要時也會去跟對方對話。他們不會試圖壓抑、降低怒氣，或躲到其他地方逃避，而是會坦率地問自己：「為什麼生氣？你需要什麼？」如果需要對方的協助，也會開口請對方幫忙。

這些類型並非固定的，可能會隨著你所面對的人及狀況而變得不同。在公司裡是壓抑型，在家裡卻可能是攻擊型；在朋友面前是連結型，但在父母面前可能會是被動攻擊型。所以我們要先了解自己在哪些時候會反映出哪種類型。

情緒處理的類型不是一兩天內造成的，通常都是從小時候開始慢慢養成。為了適應父母的教養方式、生長環境，我們從很小的時候就會選擇如何處理情緒。有了這樣的基礎，再加上生活中累積的經驗，最後就會固定下來。因為太習慣了，所以自己可能根本沒發現自己是怎麼處理情緒的，而且內在、外在已經長期養成習慣，要轉換成「連結型」就需要一段時間。如果每天都在生氣，表示自己跟自己之間的連結中斷了，應該要先跟內在的自己恢復關係，再更深入地多問問自己：「你需要什麼？」、「說說你真正想要的好嗎？」

我本來好好的，卻莫名其妙開始生氣

生氣只是假情緒，背後的真實情緒不是它

秀敏正在飯店大廳大發脾氣，高分貝咆哮著。平常她的老公總是很忙，而三歲大的孩子正值愛耍賴的年紀，一天比一天固執。這天一家三口難得能出外來個週末旅遊，秀敏原本滿心期待能輕鬆愉快地享受這段難得的假期，腦中滿滿都是美好的畫面：不用再為三餐和打掃操心，跟老公及孩子共度久違的溫馨時光之後，自己還可以在軟綿綿的飯店床鋪上打滾。

不過就在完成飯店報到手續後，老公竟然丟下她們說：「我去游個泳。」立刻轉頭就走。這時秀敏突然失去理智地大吼：「你瘋了嗎？你腦袋還正常嗎？」類似的話不斷脫口而出，完全沒有理性思考的空間，不管旁邊有沒有人在看，也不管孩子是不是在聽。為什麼她會突然大發雷霆呢？

以心理學來看，生氣是被歸類在第二階段的情緒，也就是說，在產生「生氣情緒」前，第一階段會先產生另一種情緒。舉例來說，媽媽看到孩子跌倒流血，生氣地跑過去罵孩子：「所以才叫你要小心嘛！為什麼都不聽媽媽的話?!」這時她第一階段感受到的情緒是「驚嚇」、「擔心」。另一個例子，時間已經很晚了，老公卻沒回家也沒聯絡，過了半夜十二點才醉醺醺地走進家門，太太氣得大罵：「為什麼都不接電話？這次又跑去哪喝成這樣?!」但是其實在老公回家之前，太太感受到的情緒是「不安」及「擔心」。

人們覺得失落時會生氣、覺得抱歉時會生氣，覺得太累時也會生氣。雖然表現出來的都是「生氣」，但是事實上並不是真的在生氣，躲在背後的真實情緒並不是它。

那媽媽們的哪些情緒會被視為「生氣」呢？

第一種最常見的就是「疲憊」，這個情緒經常爆炸的時間點就是晚上。一整天追著孩子跑、滿足孩子的需求、陪孩子玩……，忙著照顧孩子的同時，也累積了大量的疲勞。累的時候就需要休息，所以與其威脅孩子說：「還不趕快睡覺？會有妖怪來把你抓走喔！」不如說：「媽媽現在太累了，想要休息一下。」這樣更能直接地向孩子表達自己的心情。

第二種是「焦躁」，尤其是早上要出門時最常出現。已經快到該出發去幼稚園的時間了，孩子卻拖拖拉拉、只顧著玩，這時媽媽就會急著催促孩子。假設媽媽用盡洪荒之力把飯送到孩子口中，也幫孩子穿好襪子之後，正打算幫孩子穿鞋，他卻挑三揀四地說不喜歡那雙鞋，於是媽媽原本好不容易「ㄍㄧㄥ」住不發脾氣的意志力，又瞬間被磨光而火山爆發。媽媽之所以會焦躁是因為想守時、當個有信用的人，出發點是好的，所以這時別說：「如果你討厭上學，就都不要去了！」應該把真正的想法告訴孩子：「媽媽現在心裡好急喔！再這樣下去會遲到，我們趕快用一分鐘準備好，一起出門吧！」

第三種是「擔心」和「不安」。媽媽看到孩子從高處往下跳，氣得大吼：「媽媽明明就跟你說過不要做這種危險動作！你非得要等受重傷才要聽話嗎？」其實她真正的心聲是驚嚇和害怕。又例如媽媽精心準備了豐富菜色，孩子卻愛吃不吃，媽媽就說：「算了！你就都不要吃，以後我也不煮了！」其實媽媽是心裡覺得不安：「孩子長不高怎麼辦？我是不是做錯了什麼？」這種情況下直接說：「媽媽快嚇死了！有沒有受傷？」或是：「媽媽好怕你長不高！

乖乖吃飯才長得快喔！」這樣表達才會跟心裡的想法一致。

另外一種是「惋惜」和「失落」。老公說會早點回家，於是太太熬湯、煎魚，難得煮了一桌豐盛的晚餐。這時老公卻又突然打電話回來說公司要聚餐，會晚點回家。接著太太便破口大罵：「要聚餐為什麼現在才說？你們公司真的很奇怪！你也一樣，公司說聚餐你就一定要跟嗎？算了！不跟你講了。」其實太太是因為溫馨的晚餐時光泡湯了，覺得惋惜又失落才會生氣。如果換個說法：「啊，好可惜喔！今天我準備了很多你愛吃的耶……」彼此對話的層次就會變得不同。

人會把疲憊、焦躁、擔心和不安、惋惜和失落……等各種情緒，轉換成單純的生氣或煩躁表現出來。美國精神分析學家羅洛．梅（Rollo May）曾說過：「成熟的人有分辨情緒的能力，能察覺各種情緒間的微妙差異，就像聽出交響曲的各種樂音，從強烈激昂到細緻微弱的感受都能區分。」

我們的情緒世界不像是呆板乏味又單一的軍隊起床號，而是像交響樂團的演奏，有各種樂器結合在一起，發出的聲音有高有低、有強有弱。情緒很多樣化，如果用色譜表呈現，連七個顏色的彩虹也無法完全呈現所有情緒。仔細分析情緒並把它語言化的時候，我們就能深入了解自己的內在世界，同時也能理解對方。要是情緒上無法溝通，就會淪為情緒化的表達，甚至還會大吼大叫說：「我哪有大吼大叫！」

秀敏在飯店大廳發洩出來的怒氣，其實是在那之前就每天不斷累積的失落和惋惜。心裡覺得失落，又怕說出來丟臉，所以她選擇不說、忽略那些感受；心裡覺得惋惜，又怕工作繁忙的老公會擔心，就勸自己：「以後有機會再說吧！」硬把委屈往肚裡吞。過去已經隱忍了太多情緒，加上她對這次旅行有很高的期待，才會大失所望。

話又說回來，為什麼我們明明覺得失落卻不直說自己失落，反倒選擇生氣發飆呢？韓國家庭諮商權威、首爾大學的金容兌教授，在他寫的《假情緒》這本書中把情緒分為三種，分別是表面情緒——「生氣」、在那之下的內在情緒——「不安」與「恐懼」，還有最底層的深層情緒——「羞恥感」。

金教授提到，人最剛開始經歷到的情緒，不是在新生兒跟媽媽不分彼此的

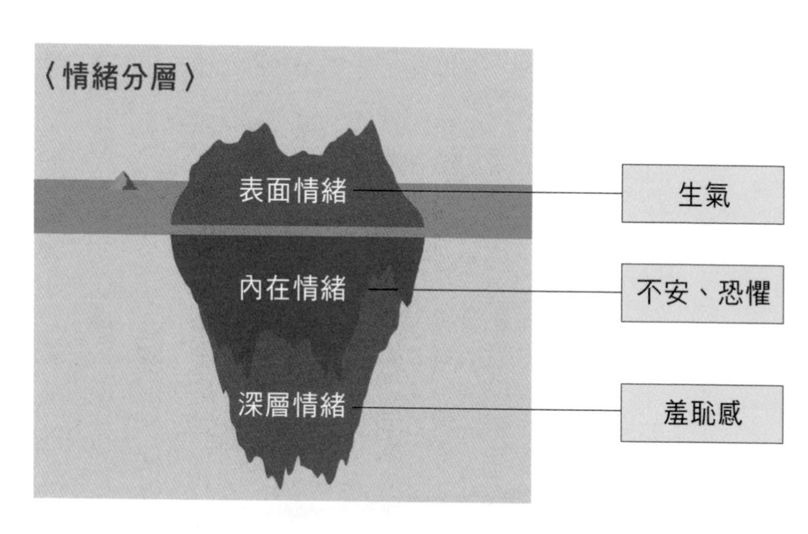

時期，而是在體會到自己是「獨立個體」時所感受到的「不安」。人生初期的不安情緒，如果沒有被父母細心地察覺、安撫，就會形成「我好像缺了什麼」、「我是個不值得一看的人」、「我是個沒用的人」這類認知，最終導致內心深處藏著一股羞恥感。

人如果在無意識中帶有羞恥感及不安感，就會怕自己軟弱的樣子招來輕視或責備，而不希望被人察覺。然後為了消除並隱藏這種自己覺得幼稚的情緒，就會演變成生氣。只要一生氣，對話的焦點就能轉到對方身上，不用再面對自己真實的情緒，還可以透過生氣釋放出「問題在你身上，不是我」的訊息，讓自己更占上風。

金教授指出：「生氣可以讓人逃避自己的問

題，同時也能讓自己處於比別人更具優勢的地位，一舉兩得。」也就是說，人會用生氣情緒來隱藏內心深處的自卑感與不安感。

一旦養成習慣這麼做，就會把真實情緒給阻隔，只留下「生氣」的假情緒。所以不要只是單純地說「我生氣了」，先觀察並問問自己：「我真正的情緒是什麼？」然後你就會發現，大多數的生氣其實都不是生氣，而是其他的情緒，只是人們習慣把那些統稱「生氣」罷了。

不過，即使同樣都是生氣情緒，也會有強度不一的名字。例如：煩躁、憤怒、氣憤、難過、發火、挫折、不滿、著急、焦慮、不悅、厭煩、痛恨等不同等級，還有些極具創意的形容方式，像是被惹毛、失控、暴走、氣噗噗、森七七……等等。

還有，生氣也不是從一開始就很激烈，起初會先出現比較弱的怒氣，要是問題狀況持續沒有解決，怒氣就會越來越強。美國精神科專家約瑟・沙蘭德（Joseph A. Shrand）博士把生氣情緒從1到10，分成十個等級。

〈生氣分級〉

1	有點煩
2	有火氣
3	非常煩
4	挫折
5	焦躁
6	不悅
7	生氣
8	惱怒
9	憤怒
10	暴怒

生氣的時候，先試著把狀況寫下來，再標出自己生氣的等級。

〈例如〉

・身體很累，早上爬不起來（4 挫折）
・小孩整個禮拜都吵著不想去幼稚園（5 焦躁）
・週末放假，老公突然出門去找朋友（2 有火氣）
・停車的時候不小心刮到旁邊的車（1 有點煩）
・跟圖書館借的書超過還書期限（1 有點煩）
・天氣太熱了（1 有點煩）
・手機上網流量才一個禮拜就用光了（3 非常煩）
・房東說房租要再漲一萬元（8 惱怒）

在思考怎麼用文字表達出內在生動的情緒，以及標示等級的過程中，會活化我們腦部的前額葉。前額葉負責理性思考，這個部位要發達才能培養出情緒調節的能力。而「幫情緒命名」這個單純的動作，等於是讓我們踏上情緒調節的第一階。

我想起一位媽媽跟我說過，她的二兒子民洙生性外向、好奇心重，常常一出門就會甩開媽媽的手、衝到馬路上，她每次都為了阻止孩子這個危險行為而氣得半死。

「你腦袋壞掉了嗎？要是被車子撞到，你就要被送去醫院耶！」

「你再給我跑到馬路上看看！以後不帶你出門了。」

可以想像她當時的語氣一定又尖又急、眼神和態度都很兇。但就算用了各種方法，孩子還是會亂跑，想想媽媽會有多著急？但又不能因為這樣就真的都不帶孩子出門。

後來有天她發現自己會對孩子生氣，其實是出於擔心和害怕，應該換個方式，把自己的擔心告訴孩子，而不是衝著孩子發脾氣。於是她對孩子說：「媽媽好怕你跑到馬路上會被撞到！萬一你受傷或骨折了，媽媽真的會很心疼。你是媽媽的心肝寶貝啊！媽媽希望能跟健康的民洙幸福地生活在一起很久很久。我們打勾勾約定，不要再跑到馬路上好不好？」

信不信由你，在那之後民洙再也沒有跑到馬路上過。

真心話、實際或脆弱的情緒並不是一種「示弱」的表現，而是「真實」。當媽媽確實說出自己有多麼心疼、害怕時，也能藉此給孩子機會，讓他理解媽媽的真心。面對另一半也是一樣，要把你平常生活中最真實感受充分地表達出來，千萬別不分青紅皂白地就先發飆，這樣你對他的期待絕不可能得到滿足。

所以最重要的就是要先想辦法察覺並理解自己的真實感受。自己在防備什麼？為什麼不安？為什麼難過？自己要先釐清，才能好好說明給對方聽。

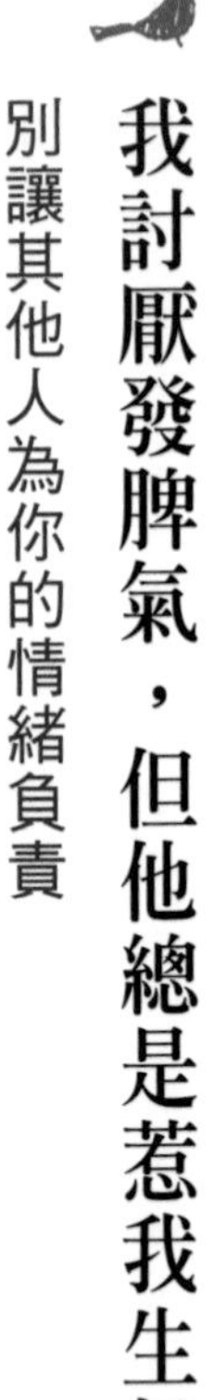

我討厭發脾氣，但他總是惹我生氣

別讓其他人為你的情緒負責

成熙發了好大一頓脾氣。最近老公累壞了，因此這天成熙特地提早下班，把孩子們交給媽媽帶，然後回家貼心地準備了他愛吃的晚餐，老公卻好幾個小時都不接電話，等到凌晨一點才醉醺醺地回到家。成熙的耐性早就被漫長的等待磨光，當老公踉踉蹌蹌走進門的那一刻，她就忍不住對老公破口大罵。隔天她當然沒心情做早餐，再加上到公司也整天諸事不順，於是成熙就傳訊息向朋友們大吐苦水：「我老公怎麼會這樣？跟這種人在一起到底要怎麼活？」

成熙為什麼會生氣呢？是因為老公晚歸？因為他喝得爛醉？因為他不接電話？還是以上皆是？等等，我們再把問題往前推一點，成熙真的是因為老公才生氣的嗎？

為了找出成熙生氣的真正原因，我們稍微把整個情境調整一下。情境劇一，假設凌晨一點老公喝得爛醉回家時，成熙因為感冒吃了藥，早早就回房睡覺了，結果會如何呢？情境劇二，假如老公為了抒壓跑去找朋友暢談一整晚，一回家就想馬上洗澡睡覺呢？在這兩個情況下，太太還會那樣對老公發飆、冷戰好幾天嗎？

雖然同樣是老公凌晨喝醉晚歸，不過成熙對老公的情緒也會因為她自己的狀況而出現很多變數，那這樣還可以說是因為老公生的氣嗎？如果不是，真正的原因又是什麼呢？

想釐清情緒的成因，就要先了解我們的內在世界。美國家庭治療師維琴尼亞．薩提爾（Virginia Satir）將我們的內在比喻成一座冰山（參見第46頁圖），外在表現出來的言語和行為，只是巨大冰山的一小角，內在則包含感受、觀點、期待、渴望，以及自我。每一個人都帶有期待和渴望，有的能得到滿足、有的則無法。得到滿足時就會產生正面的情緒和想法，也會衍生出正面的言語和行為；沒辦法得到滿足時則會產生負面的情緒和想法，進而出現負面的言語和行為。

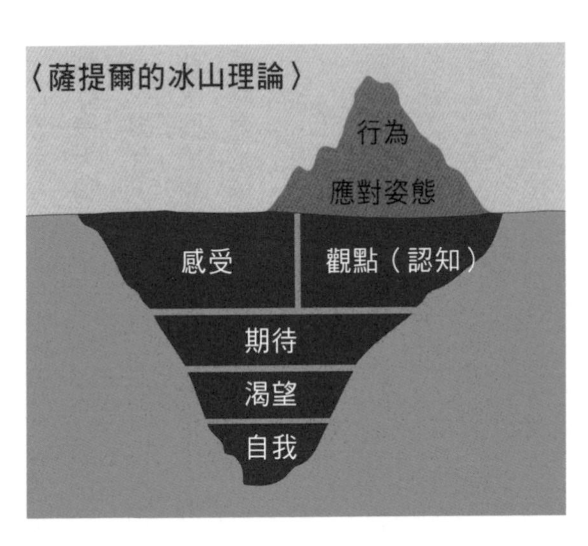

很多媽媽會因為孩子不肯睡午覺而生氣，這時問：「你為什麼生氣呢？」媽媽們就會回答：「當然是因為孩子不睡覺才生氣的啊！」真的是這樣嗎？如果孩子不睡覺是媽媽生氣的主因，那每次孩子不睡覺，媽媽應該都會生氣才對。不過有時候孩子沒睡覺，媽媽也只是覺得：「哎好啦，今天就讓你玩吧！」然後就輕鬆帶過，甚至有時候還會覺得孩子先不要睡反而更好。像是準備去跟朋友見面的路上，如果孩子昏昏欲睡應該會想叫醒他吧？如果他可以晚一點再睡，待會就能跟朋友聊得很盡興了。

對方的舉動可能會是引發生氣情緒的

刺激或契機，但那並不是真正的原因。生氣情緒源自於內在冰山深處的期待和渴望，如果把這些原因摒除在外，就絕對無法釐清自己為什麼會發脾氣。

當對方的行為符合我們自己的期待、預測、需求，符合自己堅信的價值與標準時，我們就會產生正面情緒。同樣的道理，當對方的行為不符合這一切時，我們就會產生負面情緒。俗話說「一個巴掌拍不響」，生氣不是因為「那個人」，是因為「那個人的行為跟我期待的不一樣」才會生氣。

原本期待能跟老公共度溫馨的晚餐時光，才會討厭看到他喝得爛醉晚歸。要是本來想跟朋友開心地聚一聚，老公卻打算提早回家吃飯，太太可能就會覺得很煩。假如媽媽累了想休息，孩子卻吵著要人陪，這時就會覺得孩子很煩人；但要是自己剛好也想陪陪孩子，就會欣然答應他的請求。假如自己明明想繼續上班，公司卻勸你退休，這時就會失落又茫然，甚至覺得被背叛；但如果自己本來就因為太累想辭職，這時換成退休還能領退休金，當然會開心。

把生氣原因歸咎到對方身上的人，會使出渾身解數想改變對方，例如指責、威脅、碎念、訴苦……。等到對方照自己的期待去做時，就會稱讚並認定他，這等於是相信自己的情緒左右在對方手上。但某種程度上可以憑經驗知道，對方不太可能照著我們的期待去做，因為那些期待只是我們單方面的需求而已。就算對方真的照著做也只能維持一陣子，過不久又會回到他自己需要的行動。假如對方一直配合我們的期待，對他而言反倒是種不幸，因為他正在遠離自己的需求，這樣彼此的關係也沒辦法維持很久。

「是你讓我生氣的。」換句話說就是：「我會生氣都是你的錯！你應該要滿足我的期待才對！」這絕對是不可能達成的奢求，還會讓對方愧疚。用這樣的方式強求不僅是種暴力，更會逐漸侵蝕彼此的關係，如果不終止這些奢求，就會不斷生氣，雙方的關係也會陷入窘境。試著回想，我們是不是根本沒有發現自己的貪心，到現在還一直希望周圍的人都能照我們的意思去做？在這樣要求別人的同時，彼此又忍受了多久的痛苦？

媽媽們常嘮叨：「我家小孩實在很不聽話！每次都想怎樣就怎樣。」會這樣說是希望孩子能乖巧懂事、把媽媽的話聽進去。不過再多想一下就能理解，孩子不聽父母的話其實很正常，畢竟他們也有自己的情緒和需求。不只是孩子，所有人都一樣，每個人都會為了先滿足自己的期待及需求而行動，但孩子並沒有義務要滿足媽媽的需求不是嗎？媽媽的情緒和需求是媽媽自己要負責，不該因為孩子沒有照著要求做就罵他。與其責備，不如配合孩子能做到的水準，明確表達出自己的期待，例如：「媽媽希望你衣服脫下來就把它放進洗衣機裡，媽媽要把滿地的衣服撿去洗好累喔～」

「非暴力溝通」的創始者馬歇爾．盧森堡（Marshall B. Rosenberg）博士指出，痛苦不是來自於別人的行動，而是出於「自己腦中的印象、對對方行動的期待值、需求心與挫折感」。因此，生氣的時候先別急著罵成為導火線的孩子，不妨反過來觀察一下自己是不是對孩子存有既定印象（誤會）、期待，或是曾在需求方面受挫？

不用抓著孩子問他：「為什麼不照著媽媽的話去做？」只需要說：「你下次過馬路一定要看是不是綠燈喔！做得到嗎？」這樣就好。與其說：「你吃個飯到底是要吃多久？快被你氣死了！」不如明確說出自己的期待：「我們再吃十分鐘就收囉！吃太久的話，飯菜冷掉就不好吃了，而且媽媽也想趕快洗好碗休息一下。」

「生氣」出於自我的需求，所以責任不在對方身上，而是在我們自己。你可能會覺得這個觀念很陌生，不過要是無法接受這事實、繼續把根本原因摒除在外，就沒辦法擺脫生氣情緒，因為我們不可能把對方變成自己想要的樣子來符合我們單方面的期待。

幸好生氣的原因在自我身上，所以解決之道也在我們手中。如果把生氣情緒用來發掘媽媽本身的需求，而不是用來責備孩子犯的錯，那麼每次的生氣反而更能了解自己想要什麼。

老公看不起我，真的讓我超火大

會生氣都是因為「解讀」出了問題

只要孩子一生病，善美幾乎都會跟老公吵架，因為她希望孩子能不吃藥就儘量不要吃藥，但老公卻堅持生病就要趕快到醫院檢查。小孩發燒的時候，兩個人一定會意見不合，吵著到底是要「先觀察一陣子」還是要「馬上去看醫生」，在沒有共識的情況下就會彼此互罵：「你錯了！」、「我才是對的！」

每當這種時候善美就會覺得自己被老公看不起，氣得大吼：「你為什麼看不起我？」老公也會不甘示弱地吼回去：「我哪有看不起你？」結果到後來已經不是在討論孩子，重點都跑到「有沒有看不起」這件事情上。善美一口咬定老公看不起她，不斷提出各種證據；老公極力否認，說自己根本沒有那個意思，想法上完全沒有交集。這到底是怎麼一回事？

人在面對外界發生的事情時，會透過三種不同的層面來感覺並認知。第一是物理層面。人會透過視覺、聽覺、嗅覺、味覺和觸覺這五種感覺來了解，也就是運用眼睛、耳朵、鼻子、嘴巴、皮膚等身體部位來感受的階段。第二是情緒層面。當人看到或聽到什麼時，內在就會產生情緒（情感、心情、感受等），會覺得悲傷、快樂、生氣或是不安。第三是精神層面，也就是對外界刺激加以思考、判斷、分析、計畫、評價、記憶、回憶以及想像未來的階段。

〈人的感知三層面〉

- **物理層面**：藉由五種感官觀察的領域
- **情緒層面**：依據看到及聽到的結果在身體和心裡產生的反應
- **精神層面**：對看到、聽到的事物加以分析、判斷的領域

在這三種領域中，「精神領域」是大家最熟悉也最快登場的；至於物理和

情緒領域中的感覺和認知相對會比較少。也就是說，面對外界發生事情時，我們比起根據事實觀察和內心感受，更容易用自己的方式解讀。每個人都習慣用好壞、對錯、做得好不好……等方式來判斷一件事的價值，而這些解讀的出現，取決於本身的需求有沒有得到滿足，以及生活中透過各種經驗累積起來的信念，這些念頭都會直接影響到情緒。如果你的評價是「很好、正確、做得好」就會產生正向情緒，如果評價是「不好、錯了、做不好」則會出現負面情緒。解讀和判斷的本身沒有問題，但如果堅持自己的解讀和判斷「絕對客觀」，還預測對方會同意自己的解讀和判斷，接下來就會出現溝通不良的悲劇。

善美所說的「看不起」也是一種解讀，當老公做出某種舉動時，善美就會把那些行為貼上「看不起」的標籤。善美覺得老公「看不起」自己的那些舉動，像是：講話講到一半，老公就插話進來說：「夠了，聽我的！」；或是兩個人溝通到一半，老公就突然起身回房……等等。每次看到這樣，善美就覺得老公不尊重自己，而這個想法也會引發她的生氣情緒。

「看不起」只是善美單方面主觀的解釋，如果善美接受這一點（雖然的確也會有很多人同意善美的看法），就會知道其他不同觀點的解釋也有可能成立，比方說老公認為的「我並沒有看不起你」。如果不是「看不起」，那他為什麼要插話進來、一直重申他的看法，後來還中途離場呢？

我們深入她先生的內心世界一探究竟吧！從先生的立場來看，他可能是因為跟太太溝通不良、沒辦法達成共識而覺得煩悶；或是擔心孩子病情加重、急得像熱鍋上的螞蟻，於是一急之下就更強力主張自己相信的知識。另外也可能是先生希望太太能尊重自己的意見，但實際上卻沒有，於是自尊心受到傷害；再不然也可能純粹是他長期以來的習慣。所以在斷定先生看不起自己之前，先試著找出老公那樣說、那樣做的原因，生氣情緒就會減少一大半。

媛熙是個很好的例子，她先生非常不愛說話，就算夫妻倆整天待在一起，先生也不會講超過十句話。他們的戀愛期很短，所以媛熙是到婚後才知道先生這麼沉默寡言。剛結婚時還好，當時媛熙也在工作，加上要照顧孩子，忙到完全沒有喘息的空間；後來媛熙辭職在家帶小孩，兩個人之間就開始出現問題。

媛熙生活中沒有其他人可以說話，整天都等著先生回家。所以每天準備好晚餐、跟老公對坐在餐桌前時，媛熙都會鉅細靡遺提到整天發生的大小事，但是先生卻一直保持沉默，這讓媛熙慢慢失去了想跟老公對話的動力。

某天媛熙又一個人努力找話聊，她突然覺得：「我到底在幹嘛？」結果先生還是一樣從頭到尾不發一語，吃完自己的飯後，竟然就直接拿著碗筷起身離開。媛熙心想：「再怎麼目中無人，這也太過分了吧？難道我是透明人嗎？」一陣悲從中來，淚水終於忍不住奪眶而出。在一旁的先生看到後，沒有安慰淚如雨下的太太，反而默默回到房間；而獨自留在餐桌前的媛熙就這樣哭了好久。太太都已經哭了，先生卻連一句「別哭」都沒說，究竟為什麼會這樣呢？

過了一段時間，媛熙從婆婆口中聽到先生小時候發生的事，才明白他為什麼會這麼沉默。媛熙的先生來自雙薪家庭，公公婆婆都忙於工作，他不到一歲就被送到鄉下給奶奶照顧，還沒有機會感受過父母的疼愛。後來是弟弟妹妹出生之後，婆婆才辭掉工作把七歲大的先生接回家。當時怕孩子不肯跟他們回來，所以公婆沒有事先說就硬把先生帶回首爾。因為莫名其妙突然要跟陌生的父母和弟弟妹妹一起生活，導致這個七歲大的孩子整天都坐在大門前四處張望，吵著要找爺爺奶奶。他不吃飯也不洗澡，一睜開眼睛就跑出去站在門外，但是不管再怎麼等，爺爺奶奶始終都沒出現。就這樣等了整整四天，他才放棄並起身走進家門。從那時開始，先生就總是閉口不說話了。

原來先生的沉默並不是他對媛熙視而不見，純粹只是他長久以來的習慣罷了。而且這習慣是源自於他幼年時期的傷害，從小被迫離家、跟父母分隔兩地的難過；還有來不及跟悉心照顧自己的爺爺奶奶打聲招呼，就突然被迫分離的傷心。聽到先生的故事後，媛熙哭了好久，因為實在太心疼當時那個坐在家門前不斷等待卻一再失望，到後來關起心門、緊閉雙唇的七歲孩子了。從那次以後，媛熙就沒有再為了先生的沉默生氣過，反而更加憐惜他。

我自己也發生過類似的狀況。我先生常跟我說：「你現在好好休息一下吧！」每次我聽了都很不開心。雖然大家都說：「現在哪找得到這麼好的老公啊？真羨慕你！」但其實我完全不這麼認為，因為先生從來都沒幫忙做過什麼，所以我都會先頂回去：「事情這麼多是要怎麼休息？不然你來做？」「不要再叫我休息，我已經休息過了。」

有天我忽然意識到：「為什麼我聽到他叫我休息就覺得煩呢？」仔細想想

發現，是我自己把先生對我說的「休息」解讀成：「又不是什麼大不了的事，幹嘛忙得團團轉？倒不如好好休息還沒那麼浪費時間。」又突然想到我二十幾歲時有朋友對我說：「你是很努力沒錯，可是都沒成果耶！難道你是聰明假的嗎？」我記得當下我真的很難過。想起這件事我才恍然大悟，原來我是因為受過傷害才會一直曲解先生的意思。釐清這些只是我單方面的解讀，後來老公再勸我休息，我就能聽懂他的心意了。當然囉！現在我不但不會生氣，還會回他：「那我回房間休息，晚餐的碗就麻煩你洗好嗎？」

古羅馬斯多葛派哲學家愛比克泰德（Epictectus）曾說：「擾亂人們的不是客觀事情，而是人們對客觀事情的解讀。」比方說，當我們猜測孩子某個舉動的原因、過度解讀時就會生氣。「解讀」是在瞬間發生的，要分辨自己究竟是因為對方生氣，還是因為自己的解讀而生氣並不容易，需要一些時間。這段時間不要亂猜亂想，而是要確認「事實」，看看實際上發生了什麼。然後再進一步花時間釐清對方的用意和心情。如果只相信自認為合理的解讀，忽略對方行為舉止背後的心理狀態，就只會自己找氣受而已。

第2章 生氣是好事！重點在於怎麼表達

我覺得自己快被氣瘋了怎麼辦？

發洩出來很痛快，但殘局好難收拾

當生氣情緒像海嘯一樣來襲的時候，是直接發洩出來比較好？捏自己的大腿硬忍下來比較好？還是有其他更好的辦法？開始有學者研究「憤怒」這個領域，也不過是三十多年前的事。在那之前，「憤怒」一直是人們長久以來想要好好控制和避諱的對象，更不用說去探究了。所以關於如何處理憤怒的研究，歷史並沒有很悠久。

以前普遍相信負面情緒最好能盡情宣洩出來，所以在心理治療現場也會允許在生氣時大叫、罵人、打沙包或摔東西。因應這個理論，幾年前世界上開始流行一種另類的約會地點，就是能讓人抒壓的空間——「憤怒屋」（Rage Room）。使用者先付一定的費用之後，就可以在十到十五分鐘內盡情摔碗盤、砸各種家電等，讓人在破壞東西的同時把壓力拋到九霄雲外。

不過這個「只要發洩出來就能消氣」的理論，其實已經過時了。二〇〇二年，美國俄亥俄州立大學的心理學家布拉德．布希曼（Brad Bushman）進行了一項實驗，扮演著推翻舊理論的決定性角色。

實驗內容是這樣的：布拉德在該大學裡面，從每個年級各找來三百名的學生，請他們用「為什麼反對墮胎」這個題目寫一篇作文，然後他故意在其他持反對意見的參加者面前給出帶有羞辱性的評價，例如：「這是我讀過最爛的一篇文章。」接著布拉德把所有參加者分成三組，要求第一組什麼都不做、靜靜地坐著；第二組則提供拳擊手套，要他們盡情地朝羞辱者的照片揮拳。至於第三組，雖然也提供他們拳擊手套，不過布拉德要他們在打沙包的時候，想像自己是在進行有益健康的運動。

那麼各組的攻擊性又有什麼樣的變化呢？首先大家應該都能猜到，第二組的攻擊性是最強的。布拉德下了個結論：「在生氣時選擇釋放情緒的處理方法，跟火上加油沒有兩樣，只不過是提供火可以燃燒的燃料罷了。」負面情緒不會藉由攻擊性的發洩方式消失。事實上頗有意思的是，打沙包時想著是在做運動的第三組，攻擊性幾乎跟第二組一樣高。也就是說「打沙包」這個行為本身會提高身體的興奮程度，強化那當下的支配性情緒，讓人變得有攻擊性。

生氣時會瞬間覺得自己變成一個力氣很大的人，這方面我也有經驗，最讓我印象深刻就是幾年前我跟大樓警衛之間發生的事。當時我家房子出了點問題，我急著跑去警衛室卻沒看到警衛的人影。因為心裡很急，再加上打電話過去都沒人接，於是就拉著孩子的手，像是無頭蒼蠅一樣在社區裡繞來繞去，找了好幾分鐘才找到人。終於找到人的時候，我心裡又開心又想抱怨，一開口就說：「您怎麼都不接電話，我找人找了好久耶！」結果警衛先生回說：「唉唷，偶爾會這樣嘛！幹嘛生氣啊？」我一聽到這句話，心裡的怒氣就忍不住往上竄，提高分貝說：「生氣！我哪有生氣？明明是您不接電話，怎麼還反過來對我大小聲？」我頓時感受到一股難以言喻的暢快。或許是因為生性慎重，我幾乎沒有對任何人大聲說過話，也因此我當下覺得真是通體舒暢，好像用這種行動宣示「我可不是好欺負的！」莫名就有股驕傲感油然而生。

憤怒會讓人體內瞬間分泌腎上腺素，產生像超人一樣的力氣與承受力，同時還會減輕疼痛的感覺，讓你想攻擊對方。平常在情況沒那麼緊張的時候絕對做不到或不敢做的事，在憤怒的狀態下都可能做得出來。而且人會因為把怒氣發洩出來而感受到一股快感，覺得：「我的命運就掌握在自己手裡！」其實從遠古時代開始，憤怒就是攸關人類生存的一個重要機能，人面對致命攻擊時的三大生存本能，分別是「憤怒」、「逃命」和「裝死」。

不過，憤怒有它的副作用。如果為了享受那種瞬間的厲害感而常常生氣，之後就會對憤怒上癮。不管會不會傷到別人就一味陷入自我情緒、突然發怒，這種行為也會養成習慣。如果彼此的關係不親近，還可以眼不見為淨，但要是彼此關係親密，頻繁的憤怒就會留下傷害。帶給對方的傷害，到頭來還是會回到自己身上；尤其關係不一般時，讓對方感到痛苦，最後自己也會覺得痛苦。

除此之外，憤怒的後座力還會在自我身上引發餘震。發洩怒氣大約在二十分鐘之內，但發洩一次之後，身體需要六小時才能恢復到平靜狀態。我當時跟警衛爭執也是一樣，雖然只吵了幾分鐘，後來卻自己氣了老半天。發洩怒氣其實就是在強化怒氣，從嘴巴裡講出來的刻薄話，傳到自己耳中又會再次說服自己，然後變得更生氣。一生氣就選擇發洩，這樣等於是火上加油。

人類的腦分為維持生命腦（爬蟲腦）、情緒腦（原始哺乳腦）、思考腦（新哺乳腦）這三個層面；人在憤怒的時候，情緒腦會是最活躍的。情緒腦啟動之後，同一時間負責思考、分析、計畫和預測等較高層次運作的思考腦就會處於停止運作的狀態。如果想理性地處理，就要先等情緒腦冷靜下來。

最快展現怒氣的就是我們的「身體」，生氣時身體會產生以下的變化。

〈生氣時我們的身體變化〉

- 眉毛會往額頭中間下壓，下眼皮往上瞇起、抬高。
- 嘴唇會變紅、抿得比較薄。
- 臉變得通紅（因為血管膨脹）。
- 心悸。
- 身體肌肉緊繃。

・手臂會用很多力氣，可能會緊握拳頭。
・太過生氣的話，拳頭會顫抖。
・呼吸變得急促、心跳加快、血壓上升。
・消化功能暫時下降。

緩和怒氣最有效的方法，就是仔細觀察身體的變化，當場感受看看原本處於靜止狀態的臉、手腳、胸口和頭出現了什麼改變，例如「額頭變熱了」、「脖子變得有點緊」、「腳趾緊抓著地面耶」、「我開始咬嘴唇了」……等等。在這些觀察的過程中，你本來對外界狀況的曲解及判斷就會停下來，讓你能仔細經歷並感受「當下、當場」發生的事情。這樣反而比只是在認知上勸自己「別太生氣」更能快速確實地讓情緒冷靜下來。另外像是邊深呼吸、邊觀察自己吸氣及吐氣的狀況，也算是類似的方法。

還有一個方法更簡單，就是去做能讓你直接消氣的事。比如說先離開現場、跟造成刺激的對象保持安全距離，也可以打開窗戶吹吹冷風、用冷水洗把臉、喝杯冰水之類的。通常生氣情緒只會維持三到五分鐘，最長頂多十五到二十分鐘左右，只要撐過那段時間就可以了。假如你已經用這些方法撲滅了緊急的火勢，卻還有殘留的餘怒，就把注意力轉移到其他地方吧！像是跟好朋友聊聊天、洗個澡、聽聽音樂、冥想、散步、跑步等等。如果希望更冷靜地觀察自己，就跟塗鴉一樣把當下的心情寫在紙上，也不失為一個好方法。

建議大家多試試各種不同的方法，找出對自己最有效的。就算只是察覺到：「原來我正在生氣啊！」這在情緒調節方面也算是成功一半了。如果想養成能察覺自己生氣的習慣，就寫下能有效緩和怒氣的句子，像「生氣的時候深呼吸五下」、「三分鐘後就沒事了」等等，然後把這些句子貼在家裡一些容易看到的地方，效果還滿不錯的。

生氣的是自己，當然也必須由自己來解決。世界上沒有人會在當了我們生氣的犧牲者之後還會主動幫你消氣，所以一定要自己找出消氣的方法喔！

我每次生氣都會說出讓自己後悔的話

開口之前，記得先把自己的生氣狀況「復盤」[1]

有次我在醫院電梯口看到一對母子，媽媽氣得跳腳，兒子在一旁哭哭啼啼。媽媽說：「都是因為你一直哭，才害醫生和護士阿姨那麼辛苦。唉唷！真丟臉……」那孩子看上去大概小學二年級，他邊跺腳邊跟媽媽哭訴：「嗚嗚嗚……好可怕！我討厭看醫生！」那位媽媽雙手抱胸盯著孩子，目光相當嚴厲：「到底有什麼好怕的？生病本來就要看醫生啊！你是男生耶！都這麼大了還不敢看醫生？」可能是因為媽媽一直生氣，所以那孩子對媽媽的愛產生了疑惑。雙方僵持了幾分鐘，兒子終於開口問：「媽媽，你討厭我嗎？你是不是不愛我？」

這時媽媽的回覆相當重要，無論再怎麼生氣，面對這類可能從根本上影響

1　譯註：見作者第70頁說明。

彼此關係的問題，一定要明智地回答。不過，怒氣已經讓那位媽媽的理智斷線了，她沉默了一下，繼續用強勢的態度大吼：「你害媽媽這麼辛苦，媽媽當然討厭你啊！」

孩子原本急著想確認媽媽的愛，聽媽媽這麼一說，心都涼了半截。其實只要瞬間說句：「媽媽怎麼會討厭你？媽媽只是一時生氣才會這麼說。」這樣至少能先消除孩子的疑慮，錯過挽救的機會真的太可惜了，情緒化的言語一旦出口，不只沒辦法順利帶孩子去接受治療，還會導致親子關係出現裂痕。

生氣跟發脾氣不一樣，生氣是一種情緒，我們沒辦法選擇，但發脾氣是一種行動，屬於可以選擇的範圍。人們每個行動的背後都有期盼能達成的目的，沒有例外，當然發脾氣的時候也是一樣。

媽媽們會發脾氣，背後通常都藏著兩種正向的用意，第一種是想糾正孩子犯的錯，讓孩子長大之後能成為一個正直的人。當媽媽覺得孩子的問題越嚴重、越急著想改，生氣情緒就會越強，表現的方法也越容易顯得粗暴；而媽媽們會採取強勢的手段，為的是希望可以立刻阻止孩子的錯誤行動。

第二種是為了自我保護。如果個人領域常被別人侵犯，沒辦法擁有自己的空間和時間，無論是誰都會生氣，就算對方是「自己的孩子」也一樣。媽媽畢竟也是人，不管再怎麼愛孩子，當最小限度的個人時間和空間無預警被侵犯時，還是會生氣。尤其是在太過疲憊的狀況下，平常認為沒什麼大不了的事也會覺得礙眼，這時為了確保自己的休息和舒適，下意識就會選擇發脾氣。

重點來了，最初的正向用意真的透過發脾氣達成了嗎？我們稍微閉上眼睛，回想一下最近對孩子發脾氣的情形吧！

- 我當時為了什麼事生氣？
- 我希望透過發脾氣傳達什麼樣的訊息？
- 根據那次對話的結果，孩子接收到什麼訊息？
- 我想傳達的訊息，跟孩子接收到的訊息一樣嗎？
- 假如我的用意沒有傳達給孩子，原因出在哪裡？

可能沒多少人能確實回答這些問題，因為大部分的人一生氣就會直接發脾氣，很少仔細反思，而生氣情緒如果沒有經過反思，就會一再地出現。常聽到有媽媽說，明明前一天才坐在孩子床邊，懊悔自己在白天對孩子大發雷霆，還下定決心再也不那麼做，但是到了隔天卻又發了一次脾氣。這都是因為沒有反思只有自責所造成，現在就改變這個習慣吧！有什麼方法能讓自己跟孩子都不再痛苦呢？

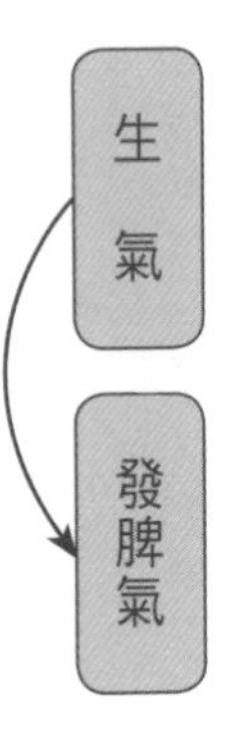

跟右圖呈現的一樣，如果生氣和發脾氣的時間點之間沒有停頓的空檔，事後往往就會後悔。為了能好好表達生氣情緒，發脾氣前一定要先釐清生氣的原因，我把這個動作稱為「復盤」。復盤原本是圍棋術語，意思是下完一盤棋之後，把雙方所下的棋從頭開始再擺一遍，針對整個對弈過程加以探討、研究。而我說的把生氣情緒「復盤」，是指把當時的生氣情形再重演一次，仔細觀察「在那個狀況中，究竟是什麼刺激了自己的生氣情緒？」、「當下自己心裡發生了什麼事？」，藉由這些問題跟自我產生共鳴，這個過程就是「復盤」。

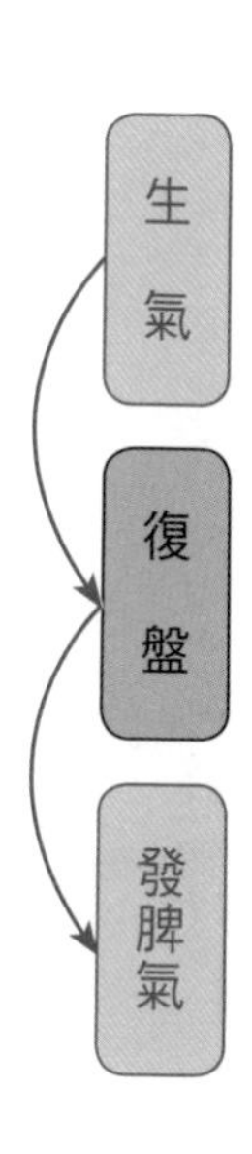

這個復盤的工程一定要由自己執行，因為每個人對於外在刺激的反應，都具有非常大的個別性。大家面對同樣的刺激時，產生的情緒不一樣，呈現出來的反應也都不同；即使是同一個人，面對相同刺激也有可能出現不同的情緒和反應。所以只有自己才能回答這個問題：「我在那個狀況下為什麼會生氣？」

比起著重於孩子的問題行為，更要找出「生氣的真正原因」，自己期待孩子做出什麼行為？是不是因為太疲憊才生氣的？是不是累積了其他壓力（例如婚姻問題、經濟問題、家族問題、職場問題等），才會連孩子無關緊要的行為都看不順眼？透過「復盤」的過程釐清自己真正的情緒和需求之後，因為了解了自己的心情，所以生氣情緒馬上就能減輕一大半。雖然問題還沒解決，但光是負面情緒能被理解，就能讓人輕鬆許多。如果想傳達想法給對方，一定要像這樣先自我整理過再表達，對方才不會淪為我們傾倒情緒垃圾的受害者。

我們把醫院裡那位媽媽的心情「復盤」一下，會發現她對孩子發脾氣是因為孩子膽小不敢看醫生讓她覺得失望；另一方面也可能是因為在醫院引起騷動而感到抱歉又丟臉。那位媽媽一定很希望能趕快安靜地看完醫生，然後開心回家、不要造成別人的麻煩。此外也可以看出來，她心裡一直堅信：「再痛也要忍耐」、「男生應該要勇敢」。

那如果換成下面這個說法來跟孩子溝通，你們覺得結果會怎麼樣呢？「媽媽不想在公共場所打擾到別人，雖然有點不舒服，還是勇敢地看醫生吧！看醫生，你的病才會好起來嘛！」

對孩子失望、生氣時，如果能掌握一下自己真正的心意，就能避免脫口說出單方面發脾氣、指責或挖苦嘲弄的話。

還有，復盤時要注意別陷入自責。如果心裡想著：「我竟然說出那麼重的話，我根本沒資格當媽媽。」這就不是復盤，而是自我折磨。復盤的重點是要釐清：「當時的我需要什麼？」然後找出答案。「我當時急著想做卻沒做到的究竟是什麼，我才會那麼生氣呢？」關於這個問題，就由我們當自己的辯護律師來回答吧！

找到滿意的答案之後，接下來也試著把對方的心情「復盤」吧！找出對方那個刺激自己生氣的行為中，藏著什麼樣的正向用意。不管是孩子還是先生，他們會做出那些舉動也都是因為他們本身有需求，而不是為了折磨我們，只是那些行為跟我們自己的需求不一樣罷了。

有位媽媽來參加發火指導課程，她的例子讓我印象深刻。這位媽媽是幼稚園老師，國小三年級的女兒每天一到下午三四點就會打電話給她，讓她很生氣。因為下午三四點都是她最忙的時間，女兒卻常抓著電話不放。一開始她還可以好聲好氣地跟女兒說：「媽媽現在得去工作了，晚上回家再聊吧～」不過現在只要電話一響，她就會非常煩躁，而且孩子說的話大多都無關緊要。自己都快忙死了，還要聽孩子講一堆雞毛蒜皮的小事，怎麼可能不生氣呢？

課程中我帶著她找出當下的真實情緒及需求。其實她不是生氣，她主要的情緒是焦躁與著急，腦中充滿了「我得趕快去工作」、「其他老師會討厭我」、「孩子們都在等我」之類的想法，所以女兒說什麼她根本聽不進去。之所以會產生這些情緒，是因為她非常重視「在職場上要為自己的角色負責」。

在「復盤」了自己的情緒和需求後，她也試著更深入女兒的情緒冰山一探究竟。為什麼女兒會做出那些舉動？是覺得無聊，還是想煩媽媽？這位媽媽把排在桌上的需求卡瀏覽一遍後，拿起了寫著「愛、關心」的卡片。亮出那張卡的同時，她已經熱淚盈眶。她對我說：「我一直嫌煩，但仔細想想，孩子一定是很希望被媽媽關心才會那樣做吧？」

只要先讓自己的心脫離深陷泥濘的狀態，再把對方的心情「復盤」，就能清楚了解雙方真正的期盼。彼此了解再進行對話，跟陷入膠著狀態進行的對話相比，兩者的層次完全不同。當然不會因為「復盤」，就能馬上知道自己真正的內心；雖然如此，還是建議大家花點時間觀察自己的心。心裡竄出來的怒氣別一下子就發洩出來，就算只是在做出反應前稍微停頓一下，也等於是踏出了守護家人間親密關係的第一步。

我好像老是在威脅、恐嚇孩子

其實孩子的需求也跟父母的需求一樣重要

媽媽：我們該走囉！你看，其他小朋友也都要走了嘛！

俊永：不要！我還沒玩夠。

媽媽：（等了一會兒）我們真的該走了。要回家吃飯了！

俊永：可以再讓我玩五分鐘嗎？五分鐘就好。

媽媽：（又等了一會兒）五分鐘到了。走吧！剛剛是你說最後五分鐘的，對吧？快走吧！

俊永：……

媽媽：走囉！快過來！媽媽要先走了。

俊永：（不耐煩）再讓我玩一下就好，拜託～我都沒玩到！

媽媽：你這句話都已經說了幾次？不管你了！媽媽要先走了，你自己玩！

俊永：媽媽每次都想怎樣就怎樣，我討厭媽媽！

媽媽：我哪有想怎樣就怎樣？現在都是你想玩就玩耶！！你為什麼都不遵守約定？你現在不走，今天就不給你吃巧克力！

俊永：吼~煩死了！好啦！走就走！

這樣的戲碼，在遊樂園裡幾乎天天都會上演，差別只在主角有時候是自己的孩子，有時候是別人的孩子罷了。結局通常都會看到孩子大喊：「媽媽最壞了！」嘟著嘴巴被媽媽拖走，或是為了能吃到巧克力、糖果，心不甘情不願地跟在大人的屁股後面。而媽媽被折騰了幾十分鐘後早就精疲力盡，回到家連煮飯的力氣都沒有。有小孩的家庭裡總是可以看到爸媽對孩子一催再催、軟硬兼施、威脅利誘，如果這些手段都沒用，就只能選擇生氣發飆。碰到孩子耍賴時就沒有一個好方法能不傷感情，讓彼此用「對話」解開嗎？

就算只有兩個人，期盼也不會一樣，這很正常，因為彼此都是獨立的個體，有各自的情緒、需求和人格。如果能接受「每個人的需求一定不同」這個事實，那接下來的關鍵就在於怎麼平衡兩邊不同的需求。找到讓雙方滿意的方法，是維持一段良好關係的基礎。

不過，絕大多數的大人都會覺得：「小孩懂什麼？」、「我才是大人，應該要聽我的！」、「人怎麼可能想做什麼就做什麼？」、「不能讓孩子養成壞習慣。」於是就強拉著孩子往自己決定好的方向走。要是孩子不想跟上，就會貼上「死腦筋」、「貪心鬼」之類的標籤，更強勢地拖孩子前進。萬一拖到最後沒力氣，要不就是被孩子牽著走，要不就只能放手。

媽媽跟孩子互相角力的時候，要是媽媽被孩子拉走，媽媽設定的標準就沒辦法達到，需求也無法被滿足；相反地，要是孩子被媽媽拉走，孩子就會受傷、難過。這種非要計較輸贏的遊戲，絕對不是解決親子問題的好答案，我們應該把目標放在「雙贏」。想做到雙贏，就要放下手中緊抓著的繩子，好好對話溝通。要先知道彼此想往哪個方向走，才能找到雙方都滿意的交會點，然後攜手同行，對吧？

像前面提到的例子，媽媽說要回家、孩子卻不想回家，兩個人像是兩條平行線僵持不下。有什麼辦法既不用拿巧克力利誘，也不必誇張地威脅以後都不准去遊樂園，透過對話就找到折衷方案呢？雖然常遇到這種狀況，但光聽他們說出來的話，會覺得好像沒有可行的解套方法，所以重點是要找到他們沒說出口的核心需求。所謂的核心需求，就是「不能讓步或妥協，一定要被滿足的需要」，假如無法滿足就會失望、絕望，甚至埋怨對方。

案例中的媽媽希望：「要趁天黑前趕回家準備晚餐，跟孩子一起按時吃飯然後上床睡覺，不要太晚睡。」短短一句話裡隱含了好幾項需求，像是「按時吃飯」、「跟孩子一起」、「不要太晚睡」、「在家吃飯」等等。那媽媽的核心需求是哪一個？再進一步詢問就能知道答案，於是我問這位媽媽：「你為什麼一定要這樣安排呢？」

這位媽媽回答我：「因為最晚早上八點要起床啊！如果小孩沒睡飽，起床後半夢半醒，叫他準備上學就會叫不動，所以一定要按時睡覺才行。」

聽了她的回答，我發現她覺得最重要的是「按時睡覺」。找出關鍵點之後，其他部分就可以像橡皮筋那樣有些彈性的調整，比如改成去遊樂園附近的餐廳吃飯，讓孩子玩久一點，或是把孩子想一起玩的朋友也帶去吃晚餐、先跟孩子約好要按時睡覺，再讓孩子玩久一點。

換個角度來看，孩子想要的又是什麼呢？通常孩子的需求比大人單純，而且大部分都會說出來。我們重新觀察俊永說的話，他一直重複說：「我想再多玩一下。」不管是回家玩、跟朋友在家裡玩、去餐廳邊吃邊玩，還是邊等媽媽煮晚餐邊玩，總之孩子就是想玩。如果媽媽可以察覺並尊重孩子「想玩」的需求，問題就會簡單很多。

這種時候，媽媽可以說：

- 你很想繼續玩對吧？
- 看起來真的很好玩耶！
- 玩這個很有趣吧？
- 媽媽可以理解你有多想玩。

不過，假如媽媽說的是：

- 玩這麼久夠了吧？你又想玩什麼？
- 都已經這麼大了，整天就只知道玩嗎？
- 你朋友都回家了，怎麼就只有你吵著要繼續玩？

用這種說法直接否定了孩子的「需求」，孩子就會更想讓媽媽了解自己的需求而變得更固執、堅持自己的主張。孩子的需求越急迫或越不被大人尊重，耍賴的情況就會越嚴重。相反地，當他的需求被認同，孩子就會安心並產生信賴感，認為：「這個人了解我的心，她晚一點會幫我解決吧？」這時再提出折衷方案，孩子也比較容易打開心門，這樣就不必一面倒地選擇全盤接受或否決孩子的需求。但在這之前，絕對要先正確了解孩子的需求是什麼。

不管哪個時代、地區或性別，需求（欲望、期盼、需要、價值等）對所有人而言都相當重要且必要（可參考「需求清單」，見第254頁）。每個人的需求都沒有錯、都很好，會想滿足自己的需求，也是一件自然又理所當然的事。在根本的需求層面上其實並不會有衝突，之所以會產生衝突是因為沒有確實了解彼此的核心需求、強迫對方滿足自己的需求，或是一直堅持自己覺得好的方法才會如此。

舉個例子好了，假設太太想去電影院看電影，但先生想在家看電視，雙方各持己見。這裡提到的「電影」和「電視」就是方法（手段、工具）。再深入觀察這兩種方法的核心需求就能發現，太太想透過電影享受「休閒娛樂」，先生則是想透過電視得到「休息」。想享受休閒娛樂，或是想得到休息，兩者都沒有錯，而且也沒有哪一個比較優越、比較重要。只要能找到一個好方法，讓雙方都滿意就行了。在家看場電影怎麼樣？還是先休息一兩個小時再去看電影？或是能不能找到其他魚與熊掌可以兼得的辦法？只要同時尊重兩邊的需求，腦力激盪之下，最後一定能找到第三個解決方案的。

我再整理一下重點：

- 了解核心需求，給予無條件的尊重。
- 藉由溝通找出雙方都滿意的折衷方法。

再回到遊樂園的狀況，媽媽換個說法會如何？「你很想繼續玩對吧？媽媽也知道玩的時候有多開心，可是現在該回家吃飯了，怎麼辦？現在要趕快回家才能按時吃飯睡覺呀！所以我們五分鐘後出發吧！」

因為發自內心理解了孩子的需求，所以一開始先說出孩子的心聲、對孩子表達認同，語氣上比剛才溫和很多，另外也具體講出了媽媽的需求。

我還沒上國小前發生過一件事，有天我們全家人一起去百貨公司，我一看到賣場內的芭比娃娃馬上就被吸引過去。當時的我只玩過紙娃娃，每次看到朋友有芭比娃娃都很羨慕，所以在百貨公司一看到就吵著要買。媽媽說太貴了買不起，我就拉著媽媽的手邊哭邊求她買給我，不過到最後媽媽都沒有答應。媽媽氣得念我：「我們家沒錢不能買。你哥哥姊姊都很乖、不會吵，為什麼偏偏你是這個樣子呢？」

比起得不到芭比娃娃，更讓我難過的是我根本沒機會說出為什麼我那麼想要芭比娃娃，沒有人關心我隱藏在哭鬧耍賴下的心情。假如當時媽媽對我說一句：「原來你這麼想要芭比娃娃啊！」至少我還能回答一聲「嗯」，然後止住眼淚。「媽媽知道你有多想要芭比娃娃，可是媽媽買不起，對不起。」就算是小孩子，聽到媽媽這麼說，想必也能理解媽媽的心情並獲得安撫。如果爸媽再更進一步問：「雖然媽媽現在沒有錢，但如果你真的想要，我們就來想想辦法吧！你覺得有什麼辦法呢？」孩子就會對父母產生信任，同時也會學到：為了得到想要的東西，需要付出努力。

我們要常常提醒自己，孩子的需求也跟大人的需求一樣重要。不能因為孩子個頭小、想法還很幼稚，就只把自我的需求擺第一。「孩子也有屬於他們的情緒和需求。」越意識到這點，越能跟孩子對等且民主地溝通。這麼一來，就一定能把「對等關係」、「像朋友一樣的媽媽」這些理想化為現實，不會只是口號而已。

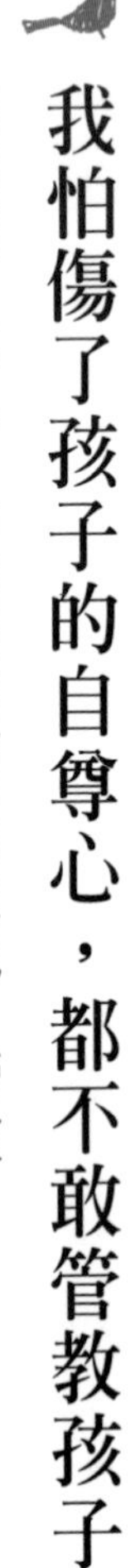

我怕傷了孩子的自尊心，都不敢管教孩子

想維護自尊心，更需要適度地生氣、管教

美希每次接到幼稚園打來的電話就頭痛不已，因為她四歲大的女兒素恩天天惹出一堆麻煩，推同學、咬同學、搶同學玩具……層出不窮，美希越來越覺得自己是個罪人。放學的時候素恩也不理老師和同學，常常連個招呼都不打就自己溜了。

結果該來的還是來了，有天美希接到園長打來的電話：「素恩媽媽，我開幼稚園二十多年來第一次看到這種孩子耶！我用各種方法怎麼教她都沒用，我也沒辦法了，麻煩您另請高明，看看有沒有其他幼稚園能收她吧！」掛電話後美希完全傻住了。自己為了好好教養這個小孩付出多少努力，結果竟然聽到園長的這樣一番話……想到這裡，美希的淚水立刻決堤，大聲痛哭了好一陣子。

後來美希打起精神，再次打電話向園長求情，說她會帶孩子去做治療，請園長再給她們一些時間。幸好透過遊戲治療，逐漸改正了素恩的暴力行為。但美希覺得這樣還不夠，於是自己也來接受個人輔導。我們在諮商過程中一起檢視美希的育兒方式，發現她沒有幫孩子定出明確規範，因為怕孩子受傷，所以總是小心翼翼、不敢開口拒絕孩子說：「不行！」就連孩子做出錯誤的舉動，美希也都睜一隻眼閉一隻眼認為：「因為孩子還小才會這樣。」

美希之所以包容孩子到這種程度，是因為自己有個讓人害怕的媽媽，只要一對到眼，媽媽就會劈里啪啦地數落一頓。由於心裡這層陰影，所以有了孩子，美希就決定：「我一定要當個溫暖包容孩子的媽媽！」後來即使孩子做出有危險性或是會傷到人的行為，美希還是有所顧忌、不敢插手，反倒被孩子牽著走，情況一天比一天嚴重。結果美希慢慢失去了當媽媽的權威，孩子也變得愛怎樣就怎樣。對美希來說，她的當務之急就是要學習如何管教孩子。

這世界上有不傷孩子又有效的管教方法嗎？

我想，在提到管教方法之前，先從管教的定義開始談起比較好。所謂的「管教」並不是要罵孩子、叫孩子面壁思過，也不是要把孩子的手腳綁起來。

管教是指「幫助孩子熟悉規則」，管教的出發點是愛，所以自始至終都要符合「幫助孩子成長」這項原則。孩子會受傷不是因為管教，是管教方式太過強勢或粗暴才造成的。換句話說，如果父母要教孩子「不可以打人」卻打了孩子，結果就會產生問題。

其實如果想維護孩子的自尊心，反而需要適度的生氣和管教。因為孩子要先知道行為的限度，才能配合每個當下的狀況待人處事，跟身旁的人事物和諧共處。每個家庭的文化都不一樣，教給孩子的規則也不盡相同，但是有個部分是共通的，那就是要好好指導孩子，別讓孩子做出危險或傷害他人的舉動。

萬一孩子推倒同學，該怎麼管教？這時候通常父母會說：

- 不可以推同學！你要我講幾次才會聽？
- 你再這樣推別人，警察伯伯就會過來把你抓走。
- 你為什麼這麼不聽話？第一次看到脾氣像你這麼拗的孩子。
- 你這麼喜歡推人嗎？以後朋友都不會跟你玩啦！
- 你要是這樣一直推人，以後我就不讓你跟朋友玩了。

雖然這些說法會讓孩子有罪惡感、覺得害怕，卻起不了教育作用。我們都期望孩子不受傷害也能有所學習，對吧？那麼一定要記得以下三點：

1. 針對孩子的問題行為本身進行溝通

（「你欺負同學」vs.「你推了同學」）

我在森林遊樂園裡看過一位媽媽，她兒子因為好奇，一直想伸手去摸摸看別人的包包，她就對兒子說：「不可以亂翻別人包包！」本來孩子只是好奇心旺盛，被媽媽這樣一說，瞬間就變成「想找些什麼而亂翻人家東西」了。

你在國高中時期有沒有這樣的經驗：媽媽突然開門闖進房間，劈頭就罵：「簡直是狗窩嘛！你沒有手嗎？怎麼都不打掃一下？」有多少人聽到媽媽這樣說會馬上同意：「是的，媽媽。都是我的錯」？通常我們會回：「我明明前幾分鐘才打掃過！」這樣頂嘴的可能性比較大吧？不然就是會說：「又來了！」然後躺到床上不理人也說不定。這句話沒辦法講到孩子心坎裡，是因為在這句話裡面媽媽已經下好結論，像是「狗窩」、「都不打掃一下」這類的「主觀性」

評價了。如果一講話就用孩子聽了不會同意的評價當成開頭，孩子就會直接關上耳朵，至少也要用孩子認同的客觀事實來開始對話，才能真正溝通。

假如孩子年紀小、還沒有判斷能力，就要更小心評價，因為孩子會把父母的評價內化。「唉唷！你這孩子真固執！為什麼你老是愛怎樣就怎樣？」常聽到大人這麼說的孩子，會照著這些話塑造出自我形象，認為：「我就是個固執的人！」而且人也傾向於做出符合自己形象的行為，所以如果在孩子身上貼了「固執鬼」的標籤，孩子就會做出更固執的行為。

另外，要是孩子推了同學一把，媽媽就用「欺負」這個字表達，孩子聽到可能會覺得很冤枉。假如孩子是因為自己的玩具被同學搶走才生氣推了同學一下，卻被大人說成是欺負同學，一定會更憤憤不平，所以孩子推人說他「推了人」就好。孩子說的跟我們看到的不一樣時，不該先說：「別說謊！」而是要說：「媽媽看到你從錢包拿走五十塊，你說沒有拿嗎？」像這樣把事實當作基礎開始對話，孩子的耳朵才打得開、聽得進去，說話的人也才能保持客觀。

2. 讓孩子了解他的行動會造成的影響

（「不可以推人」vs.「要是推同學，同學會受傷喔」）

孩子的行為常常是出於衝動，而不是計畫性的，他們沒辦法預測自己的行為會造成什麼樣的結果，只是順著瞬間的情緒和需求來行動。孩子的視野比較狹窄，所以孩子看不到、預測不到的部分就要由父母告訴他們，讓他們知道自己的舉動會造成哪些影響。讓我們來看看下列情境該怎麼說明會比較好。

・該去幼稚園啦！
↓不去幼稚園就沒辦法跟同學玩囉！
・外面很冷耶！你怎麼穿著短褲就要出門？
↓只穿短褲會感冒，這樣你週末就不能出去玩囉！
・現在不能吃點心。
↓現在吃了點心，等一下就會沒胃口、吃不下飯囉！
・你怎麼只吃那一點點飯？

↓只吃一點點飯就不能吃點心囉！而且會長不高喔！

・不可以搶別人的玩具。

↓你要是把朋友的玩具搶走，朋友會很難過喔！

・快去睡覺！

↓現在不睡覺，明天早上會爬不起來喔！

・應該要好好刷牙啊！

↓不刷牙的話，牙齒就會被蛀掉，到時候就要去看醫生囉！

這時候注意要「據實以告」，不要誇大後果，像是不會因為不刷牙就得去醫院接受很可怕的治療，也不會因為這樣就永遠都不能吃巧克力，這類帶恐嚇的用語，等孩子大一點之後就不管用了。當孩子說要在遊樂場玩久一點時，媽媽們通常都會說：「那媽媽自己回家囉！」雖然這樣說可能會刺激孩子，讓孩子因為害怕被丟下而聽話幾分鐘，但是等孩子發現「媽媽才不會自己走掉」時，那句話就會立刻失效。媽媽一定要清楚地說出自己的用意，因為我們的目的不是要嚇唬孩子，而是希望可以助孩子一臂之力，讓孩子自發性地選擇做出正確的行為。

3. 提出具體的替代方案

（「以後話要好好說，知道嗎？」vs.「這種時候要說出你很難過。」）

我去某間小學教課，看到學校入口立了一個看板，上面列出很多規則，例如：「請勿奔跑」、「請勿喧嘩」、「請勿打人」、「上課時間請勿在教室外逗留」等等，這些句子都是不能做什麼，那麼學校希望孩子們怎麼做呢？

指出孩子們不能做的行為很簡單，可是孩子們卻沒辦法知道停止那些不當行為後該怎麼做。不可以喧嘩，那可以睡覺嗎？不可以打人，那可以咬人嗎？所以，我會建議比較好的方法是要具體說明哪些行為可以做，例如：不要用跑的，要用走的；不要喧嘩，要專心聽老師上課；不要打人，要用溝通來解決……等等。

看到孩子生氣、亂摔玩具的時候，應該要告訴他：「不管你再怎麼生氣，都不可以拿賣場的玩具來摔。這種時候你可以說：『媽媽，我好想要那個玩具。』」面對吵個不停或大吼大叫的孩子時，很多父母會說：「好好說話！」但這樣說不夠具體，最好是能親自示範給孩子看，讓孩子知道哪些內容該用什麼語氣來表達。如果能更進一步帶著孩子練習說說看就更棒了，例如：「這種時候你可以跟媽媽說：『媽媽，我生氣了。』你要不要說一次看看？」

試想一下，我們到餐廳吃飯時跟老闆說：「請端出好吃的東西給我。」然後老闆端出來的菜色剛好合我們胃口的機率會有多高呢？抽象的點餐內容，執行起來非常困難。所以最好能把我們的期盼具體示範給孩子看，再不然至少也要仔細說明清楚。

家裡的孩子被別的孩子推了的話，別說是反擊，很多孩子連聲「討厭」都不會說，只會安靜在一旁待著。這種狀況跟其他攻擊行為一樣都有問題，如果只是一直忍讓，之後就更難保護自己。

通常做父母的看到孩子這樣，反而會火大地說：「為什麼呆呆站著被人家推？你是笨蛋嗎？」或是說：「你也推回去啊！」如果在言語上教唆孩子做出暴力行為，這些說法就會讓孩子混淆。我的做法是從孩子大約三四歲，就開始訓練他「自我表達」，對他說：「要是有朋友推你，你就要大聲地叫他『不要推』。來，跟著媽媽說一次看看～」

一開始孩子覺得難為情，念的時候怯懦又小聲，到現在已經可以大聲地跟著我說了。而且實際上有人對他做出不當的舉動時，孩子都能應付得來，我也不那麼擔心。

我把前面提到的內容整理成下列幾點：

〈例 1──狀況：孩子玩具被搶走而推了同學〉

- 問題行為：你因為難過而推了同學啊！
- 影響：這樣朋友會受傷喔！

・替代方案：這種時候不要推人，要跟對方說「不要搶走我的玩具」。

〈例2—狀況：過了該睡覺的時間，孩子還在耍賴，吵著要再玩〉

・問題行為：已經超過睡覺時間一個小時了，你還要再玩嗎？

・影響：這樣明天早上媽媽就要硬挖你起床，我們兩個人都會不開心喔！

・替代方案：等明天出發去幼稚園之前再讓你好好玩一下，好不好？

要不要猜猜看後來美希怎麼做呢？接受了輔導諮詢後，當女兒素恩又出現問題行為時，美希便立刻積極地出面處理，並減少素恩與其他人相處的時間。為了盡可能降低素恩跟別人起衝突的可能，並營造出一個不用在意別人眼光的舒適環境來管教素恩，美希也將自己的各種行程減到最少，只跟能給自己安全感的朋友碰面。帶素恩一起赴約的時候，美希會先明確地說明規則，要是素恩違反規則，美希就會照之前講的適度表達生氣，然後將素恩帶離現場。

當素恩了解到：「只要推人就不能再玩了。」便開始主動調整自己的行為。現在，素恩已經能完全適應幼稚園的生活，不會再鬧問題了。如果當時美希為了維護孩子的自尊心而無限度地包容，結果又會變得怎麼樣呢？想必素恩會被貼上標籤說是「沒教養的孩子」，在幼稚園裡的生活和人際關係也都會面臨更多困難吧！素恩比其他人更需要被「管教」，而當父母幫孩子定下界線時，孩子也才會懂得遵守，進而保護自己。

最讓人開心的是，現在美希已經可以區分什麼時候該包容孩子，什麼時候該適度表達生氣制止孩子。她的「父母效能」提高了很多，除了充分表達對孩子的愛之外，同時也懂得怎麼在孩子做出問題行為時開口喊「停！」了。

我又發飆了，好擔心孩子是不是受傷了……

真心的道歉，能融化孩子的心

記得好幾年我擔任親職教育講師的時候，趁著下課後整理東西的空檔，有位媽媽很不好意思地過來問了我一個問題：「我常對孩子發脾氣，他好像也因為這樣受了很多傷害、沒什麼自信，該怎麼辦才好呢？」我的答案很簡單：「就跟孩子道歉啊！」那位媽媽一聽，神色頓時一黯：「那我就得每天道歉了耶，不會很奇怪嗎？」我接著說：「即使如此還是要道歉比較好喔！而且要一直道歉到孩子解開心結為止。」

當時我還不太了解媽媽們養育孩子的複雜心情，只給出了像教科書一樣的標準答案。我自己當了父母才知道，那位媽媽聽了我的回答後心情會有多沉重呢？所以我想在這裡重新好好回答這個問題。

想要維持良好關係，的確需要下點功夫，除了增進彼此關係之外，避免關係被破壞也同樣重要。這就好比攝取了有益健康的食物，但如果不戒掉披薩、炸雞等熱量爆表的食物，就沒辦法瘦身成功；同樣地，即使先前累積了再多良好的正向情緒，但如果內心受傷時沒有好好處理，小縫隙最後還是會嚴重龜裂，關係越親近越是如此。要是遲遲不道歉、一直裝作沒這回事，原本彼此累積下來的信任遲早會出現裂痕。

做錯了就要道歉，這點大家都知道，那為什麼實際上執行起來那麼難呢？是認為自己不說，對方也知道嗎？還是覺得自己道了歉，就會比對方卑微、傷到自己的自尊？又或是因為從來沒道歉過，覺得彆扭不習慣？韓國科學家鄭載承在《道歉要俐落》這本書中提到：「以進化心理學的角度來看，我們記憶裡學到『道歉時不是喪失威嚴，就是要承擔更重的責任』，所以人們開始衍生出自我防禦機制，造成說謊、藉故推託的情形越來越嚴重。」正因如此，道歉才會那麼困難。不管理由是什麼，其實我們都吝於道歉，尤其面對年紀小的人更是如此。

可是如果一直不道歉，狀況會變得如何呢？人不可能都不發脾氣，也不可能都不犯錯，假如有人每次犯錯都不道歉、總是打馬虎眼矇混過去，誰會願意相信這種人呢？當自己無緣無故發脾氣、出醜或犯錯的時候，不道歉反而是更丟臉的事。道歉是一種能彌補彼此關係裂縫、增進信賴的魔法，也是唯有真正的領導者才能駕馭的技術。

在一次因緣際會下，讓我切身體會到了信任的價值。那時候我大概二十五六歲，在某個青少年國際交流團體工作，有機會到比利時參加了一個為期一週的研習營。營隊進行到第二天，我想上前詢問丹麥代表一些活動行程的事，當時他正在跟其他人交談，只瞄了我一眼就繼續專注地跟人對話，沒有做任何回覆。當下我覺得自己好像被輕視了，滿臉通紅地急忙回到自己的位置上。也因為我是在場唯一的亞洲人，文化和語言的差異讓我非常緊張，再加上遇到這種事，讓我幾乎沒辦法把研討會的內容聽進去，覺得在會議的時間裡一小時就像一個月那麼漫長。

不過幾個小時後，那個人過來找我：「抱歉剛剛沒回答你的問題，是我太失禮了，真的很抱歉。」他坦率又真誠的道歉立刻解開了我的心情，短短三句話就讓我黯淡的心情明亮了起來，後來我們也成了非常聊得來的朋友。

並不是每次對孩子生氣都必須道歉，因為「生氣」本身並沒有錯。但遇到下面這兩種狀況的話，就真的需要道歉了。

1. 把孩子當成出氣筒

嫌先生煩卻把孩子抓來出氣、從公婆或街坊鄰居那裡受氣卻無端對孩子發飆，或是工作不順利卻把自己的壓力往孩子身上倒……，像這些因為其他原因生氣，卻把怒氣發洩在孩子身上時，事後一定要道歉。

「媽媽是因為其他事情才生氣的，結果卻拿你當出氣筒，對不起。」

2. 生氣氣過頭

孩子一直講不聽時，爸媽也會有種無力感、心情莫名地變糟；於是只要再看見孩子犯同樣的錯，就會像啟動開關一樣自動切換到火山爆發模式。還有身體太疲憊也會讓情緒變得敏感，容易大動肝火，說起話來也比較兇。如果在這種狀況下說出讓孩子難過的話，或做出讓孩子傷心的舉動，那麼在恢復理智後一定要道歉才行。

「媽媽剛才說得太過分了，對不起。你很難過吧？」

記得有次我向女兒道歉，之後卻反過來被她安慰。那時候她大概才四歲，我們需要待在某個地方好幾個小時，旁邊有對夫妻不斷高分貝地對罵，我們卻沒辦法離開。等到回家之後，我才有辦法關心孩子的感受，不知道她有沒有覺得害怕？於是我對她說：「詩媛啊，今天你怕不怕？媽媽今天沒有照顧到我們家詩媛，對不起。」結果孩子竟然摸摸我的頭，對我說：「沒關係，媽媽你辛苦了。」孩子的這句話讓我好窩心。

有位公司老闆來參加我的輔導訓練課程，他的道歉故事也很令人感動。這位老闆一回家就試著把我們課堂上的指定課題——「傾聽與共鳴」，用在他的國中兒子身上。原本他跟兒子的關係很冷淡，他把兒子叫過來後，兒子就沒好氣地問：「幹嘛？」老闆爸爸嘗試從這句話開始傾聽，於是回問他：「怎麼了？你討厭跟我說話嗎？」兒子說：「爸爸每次叫我一定都是在生氣，不然就是要叫我做事，只有這兩種可能，準沒好事。」

老闆爸爸這才發現兒子累積了這麼多負面情緒，就順勢問兒子有沒有哪裡覺得辛苦。一問之下，兒子說小時候被爸爸罵完都覺得爸爸很可怕，一點一點地吐露出他記憶裡的難過和委屈。整個聽下來的老闆爸爸突然覺得心痛，原來自己從來沒了解過兒子的心情、不知道兒子過去有多辛苦，於是他真心地向兒子道了歉，結果眼前人高馬大的兒子竟然掉下了眼淚。

這次的溝通解開了父子間長久以來的心結，現在這位老闆爸爸也會天天都稱讚兒子的好行為。正確的道歉，就是這麼強而有力。

我聽過許多道歉的故事，其中我覺得最美好的故事，來自於一位滿頭白髮的諮商輔導前輩。這位前輩以前曾經是大企業的高層主管，退休後他想尋找自己人生的第二事業，於是走上了諮商輔導這條路。

在學習諮商輔導的同時，他也回頭檢視為人父母的自己。他發現自己不會傾聽，也不懂得怎麼感同身受，只會一味地命令孩子；加上工作忙沒時間陪伴或了解孩子，就只是強硬地要求孩子成功、成績要好，深怕孩子達不到別人眼中的標準。遲來的醒悟讓他對孩子深感抱歉，而且懊悔不已。

其實他大可以暗自下定決心說「我以後一定要改變！」就好了。但這位前輩不只是心裡想想而已，他還把已經長大成人的孩子們聚集起來，在孩子面前屈膝，淚流滿面地道歉：「爸爸還以為努力賺錢回家就是愛你們。對不起，我錯了。」

如果有機會再遇見幾年前在課堂上向我請教的那位母親，我想這麼回答她：「所謂的道歉，不需要特定的方式或時機，無論是在什麼時候、用什麼方法，只要把心裡的歉意及悔悟真誠表達出來就好。畢竟我們是因為愛孩子才生氣、是因為太累了才生氣的，讓孩子感受到我們發自內心的關愛及歉意，就是真正的道歉！」

老公都只顧自己，真的好討厭！
適度表達是必要的，別讓家人踩到自己的底線

世茵有個二十個月大的兒子，她回職場工作已經快六個月了。本來她的工作就需要常常加班、出差，加上要照顧兒子，讓她必須住家公司兩頭跑，忙得不可開交。不在家的期間，帶小孩的差事就只能請自家媽媽代勞。

重返職場前要帶小孩，重返職場後不只要帶小孩還要兼顧工作，別說休閒娛樂了，世茵就連跟朋友見個面的時間都沒有，生了孩子之後，世茵只跟朋友見過一次面。她日常生活的活動範圍就只有公司、住家、娘家三個地方，簡直跟高三考生沒兩樣，即使想再生第二胎，也是有心無力。

世茵的先生剛好完全相反，他每個月至少一次會跟朋友小酌幾杯，多的時候還一個禮拜赴兩三次約。每場婚喪喜慶都一定不會缺席，如果碰到孩子生病、沒辦法全家一起出席，他就會把孩子交給太太照顧，自己一個人出門。

全家人有活動要一起外出的時候，先生也不會幫忙準備出門的東西，只負責人出現而已。不管是照顧小孩或是清潔打掃，全都丟給太太處理；孩子已經出生快滿兩年了，先生還是沒辦法一個人獨力帶孩子。就算世茵已經在事前把所有家事做完、東西都準備好，根本不用先生動手，甚至連丈母娘都過來幫忙餵孩子吃晚飯，但每次世茵加班或參加公司聚餐時，先生還是會打電話來一直催，問她怎麼還不趕快回家。

就這樣，夫妻之間的不滿和誤會越積越深，後來終於爆發了一次嚴重衝突。世茵為了忙公司的一項重要企劃已經連續加班好幾天，她為了籌備這個案子甚至連正餐都沒吃，天天埋頭工作到晚上七點半直接趕回家。忙到第五天，剛好有朋友約在公司附近吃飯，邀世茵下班順道過去小聚一下，沒想到竟然因此埋下了導火線。

世茵跟朋友聊了三十分鐘就立刻起身回家，為了能快一點到家，她還特地搭了計程車，卻偏偏遇到大塞車。坐在計程車上的一個半小時裡，世茵心裡已經夠急了，還接到先生三通電話。先生在電話另一頭大吼：「孩子找媽媽找成這樣，你還有心情跟朋友喝茶？有捷運你不搭，幹嘛去搭計程車！」

世茵想到先生一直以來都否認自己的努力，現在還因為自己跟朋友見個面就氣得大聲咆哮……面對這樣的先生，世茵的怒氣終於一湧而上，甚至氣到差點爆粗口，好不容易才忍了下來。先生完全沒有反省過自己的行為、只是一味地罵太太，太太一不在，連帶孩子半天都沒辦法。先生的自私與無能，頓時讓世茵心灰意冷。

這種時候世茵該怎麼辦呢？

孩子出生後跟先生之間有衝突、倍感煎熬的妻子，不只世茵一個。很多研究指出，第一個孩子的出現會讓婚姻生活的滿意度驟降，等到孩子長大成人、離開父母懷抱才會再度攀升。這都是因為夫妻在當了父母後，各自的責任變大、經濟負擔變重，壓力也跟著增加，但彼此溝通的時間和親密感卻變得比以前更少的關係。家庭型態的變化會帶來角色的調整，在這個過程中有拉扯在所難免，重點是彼此用什麼樣的態度去化解衝突。

夫妻之間的關係，大概可以分成三種類型。

第一種是依存型，就是另一半不在身旁就沒辦法獨自生活的夫妻。先生沒有太太就沒辦法自理三餐、沒辦法帶小孩；只要先生不在、太太就沒辦法去銀行辦事情、沒辦法下任何決定，這都屬於依存型。本來夫妻能互補是件很好的事，但是在依存型的夫妻之間，大多演變成「沒有你不行」的無形枷鎖，變成是在強求對方：「你應該來滿足我的需求。」

第二種是獨立型，指各自解決需求、自我滿足的型態。自己的錢自己管、自己發展興趣嗜好，甚至自己吃飯，只在非得要溝通時才會對話。這樣的關係屬於事務型，親密感也比較低。雖然從物理的角度來看，兩人是在一起沒錯，但其實跟「一個人獨處」沒什麼區別，並沒有因為「在一起」而為雙方帶來什麼好處。

第三種是相互依存型。這種類型的夫妻相信自己做也可以，但兩個人彼此幫忙時可以做得更好，會尊重彼此的個人空間，也能自在地開口請求或回絕對方。與依存型不同的地方在於：相互依存型不是「沒有你不行」，而是「沒有你也可以，但是有你會更好」、「我一個人也OK，但是一起做會更好」。

如果覺得自己和另一半現階段屬於獨立型夫妻，就需要累積更多的親密感；如果覺得屬於依存型夫妻，則需要加強各自的獨立性，才能發展成相互依存型的關係。

你覺得世茵他們夫妻是哪種類型呢？世茵屬於工作和育兒都能一個人包辦的獨立型，但她的先生則是接近無法獨立扮演父親角色的依存型。因為先生的依存性較重，讓世茵日常生活所需的個人空間遭到了侵犯，如果世茵想找回內心的平靜，第一個該做的就是先讓老公改變成「能獨立扮演個人角色」的狀態。等夫妻雙方都有能力扮演好各自角色時，才有可能進一步發展到健全的依存關係。

很多太太提到先生時，常會說：「我簡直是多養一個兒子。」這種相處情況無疑是自討苦吃。先生不是兒子，太太不需要幫先生張羅吃穿，而是要讓他能做好自己份內的事。期待和失望的惡性循環會讓人生厭，如果太太把自己當成先生的家長，或許短時間還能維持心裡平衡，但要是想達到平等又相互依存的夫妻關係，長期來說絕對是一項不可能的任務。

世茵的先生之所以沒有訓練出育兒和做家事的能力，絕大部分是因為他從小生長在「父權至上」的家庭裡，加上韓國的社會風氣還是把女性負責家事、教養孩子等觀念當成理所當然才會如此。但這也不能說跟世茵沒有關係，假如世茵曾經坦白地把自己獨力養育孩子的難處與辛苦告訴先生，或是一個月裡偶爾外出去紓解壓力透個氣、讓先生照顧孩子半天的時間，後來的狀況會怎麼樣呢？假如世茵沒有把帶孩子都當成自己一個人的責任、而是跟先生討論後一起做決定，或是她沒有把孩子託給娘家照顧、而是請先生幫忙，後來的狀況又會怎麼樣呢？

一面怪先生不主動，又一面放任、甚至助長先生消極態度的人，是世茵；明明覺得夫妻要一起照顧小孩，實際上卻一手包辦的人，也是世茵。世茵心裡認為：「與其讓他做得心不甘情不願，不如我自己辛苦一點，講了也只是嘴巴痠而已。」、「既然他去上班賺錢，那家事就應該由我來做。」、「反正我自己做還比較快、比較簡單。」、「老公做不來，而且他不太喜歡小孩。」說穿了，先生沒有育兒和做家事的能力，是因為一直以來都不需要他主動出手幫忙，過去他的家庭環境和社會給他的期待已經傾向男主外、女主內了，太太無意間的責怪更是澆熄了他心中僅存的動機。也許世茵無法改變先生只顧自己的消極態度，不過她可以試著做到不再默許，試著調整先生的心態。

我這麼說的意思並不是要世茵去跟先生大吵一架，然後吵贏先生。如果選擇用吵架的方式說話，反倒可能會刺激對方想反擊或逃跑。當我們扯著嗓門大吼：「我才是對的，你要聽我的！」沒有人會想聽我們說話，我們音量越大，對方也會跟著提高音量，再不然就是索性閉上嘴巴、拒絕溝通。本來想用對話解決雙方衝突，反而引發了另一波的衝突，最後嘗到苦頭的還是我們自己。我們採取的行動無益於達成自己期盼的目標時，就要立刻踩剎車。

既然忍耐也不行，又不能把想說的話吼出來大吵一架，在這種進退兩難的情況下該怎麼處理呢？其實有很多太太都跟世茵一樣，被只顧自己的老公氣得快內傷，太太們可以怎麼做呢？答案就是：立刻畫出自己的底線。

每個人在物理、時間和精神這三個層面，各有一條讓自己有安全感的底線。底線的範圍和堅守的程度因人而異，大致上可以分成以下三種類型。

我

利他型

我

利己型

我

自由型

第一種是利他型。利他型的人很善良，常常會幫助別人並照顧別人。這類型的人會得到許多好評和肯定，但問題是他們很難開口要求或提出自己的需求。他們習慣滿足別人需求、忽略自己要什麼，遇到問題大多會單方面放大自己犯的錯，而不是公正地探討雙方的錯誤。這種人很容易自責，同時也帶有強烈的被害意識，認為只有自己在犧牲。

第二種是利己型。利己型的人很清楚自己要什麼，而且善於表達自己的主張。問題是他們不認為別人的需求跟自己的需求一樣重要，因此比較難協調或妥協。遇到問題時容易指責對方，不太會承認自己的錯誤。

第三種是自由型，也是我們應該要達到的目標類型。自由型的人，個人領域相對更寬廣，底線也比較有彈性。他們不僅懂得提出自己的需求，當自己跟對方的需求抵觸時，也會跟對方溝通協調，達成雙贏的局面。他們知道要提出自己絕對不能讓步的底線，也懂得傾聽並尊重對方無法讓步的底線。即使被對方拒絕，他們也會予以尊重，明白對方不是故意拒絕自己，而是在維護他自身的需求。

大多數的女性屬於利他型，而大多數的男性則屬於利己型。這是因為女生從出生開始，共鳴、同理心、感情紐帶[2]的意識就比較強，而男生比較傾向於先確保自己的生存條件和個人領域，再加上過去傳統東方社會流傳下來的好女人、好男人的形象，更是強化了這種兩性傾向。

偏向利他或利己，這本身不是問題，但如果「只利他不利己」或「只利己不利他」就會出現問題，甚至會阻礙夫妻之間的和平共處。

現代社會對於兩性的傳統價值束縛已經改善了很多，不過如果自己的家庭型態偏向父權結構，我就會建議男性要學習怎麼照顧、關心太太和小孩，女性則要學會維護自身權利，對先生的利己行為說「No」。下面提供一些適合的例

2 編註：人跟人之間建立的聯繫。

子，有意想訓練這方面能力的女性朋友們可以多多練習。

1. 尋求協助

為了守住自己的底線而請先生幫忙。

・朋友約我月底聚餐，我禮拜六會出門一趟，孩子能交給你照顧半天嗎？

・禮拜天可以幫我帶孩子們出去兩三個小時嗎？

・我有點發燒，你今天可以七點前到家嗎？家裡還亂糟糟的，我沒時間煮飯，回來順道幫我帶碗粥好嗎？

2. 表達心情

覺得辛苦時坦白說出心裡話，讓對方理解並給予協助。

・我重新開始上班，蠻緊張的。很怕在公司出包，回家看到小孩也覺得沒時間陪他很抱歉，一直想補償他，壓力好大喔！

・開始帶小孩之後，我跟自己對話的時間少了很多。一直沒時間跟自己聊聊，結果現在變得沒什麼話好說……好難過。

・養小孩真的好花錢喔！我們負擔得起這筆開銷嗎？好擔心……

3. 拒絕

對先生的要求說「No」，守住自己的底線。

・今天公司有聚餐，我會晚點回來。晚上七點後不太方便講電話，你有要問的事可以在那之前先問我。

・你這週末想回公婆家嗎？我覺得先不要這麼急耶！最近保留點時間讓我們一家三口相處比較好。

・我現在沒辦法幫你燙襯衫。我很想幫忙，但現在真的沒有心力。

4. 回饋意見

不去責怪先生做出的問題行為，純粹提到自己的需求。

（問題行為＋影響＋請求）

・老公你說要洗碗還沒洗耶！這樣我會很困擾，記得說到做到喔！

・我如果睡覺被吵醒就很難再睡著，這樣我明天一整天都沒辦法做事。覺得無聊的話，你可以自己找些事情打發時間，別叫醒我好嗎？

・老公你在家都一直看手機，這樣你就沒時候陪孩子了。等孩子睡了之後再看好嗎？

5. 要求

開口說出自己的期盼。

・我下班回來還要花四個小時做家事，老公你只幫忙倒廚餘而已嘛！以後衣服也讓你負責放進洗衣機洗好嗎？

・飯菜我都煮好放著了，如果你還是覺得端來吃很麻煩，那我也沒辦法了，不然你也可以在外面吃完晚餐再回來。會比較晚回家的話，晚餐也自己想辦法解決吧！

夫妻是家庭的基礎，如果夫妻間的相處融洽，家庭問題就已經解決百分之八十以上了。想促進夫妻關係和諧，我們就不能單方面期待先生能了解或主動彌補我們心裡暗藏的傷痛，也不需要因為先生沒有滿足我們的期待就感到失望、灰心放棄。

先生是自己人，不是算命師、不是魔術師，更不是外人，所以當我們有需要時，就要開口說出來或是提出明確的要求，而不是一心等著離婚或分居。一味忍耐的話對方不會了解，有攻擊性的方法對方又會逃走，唯有不斷地溝通，才能維持夫妻間獨立又親密的關係。

第3章

家有暴龍小孩怎麼辦？

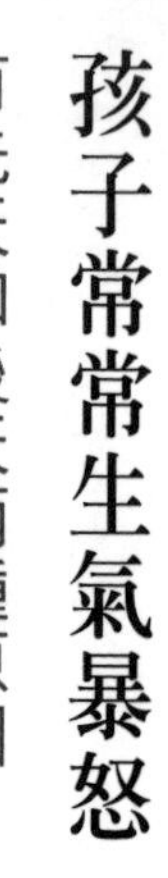

孩子常常生氣暴怒，怎麼會這樣？

有先天和後天兩種原因

秀敏有一個九歲大的兒子和一個六歲大的女兒，老大英浩快開學了，讓秀敏非常焦躁不安，因為英浩很難控制自己的脾氣。從四歲開始，英浩的問題就慢慢浮現，他一生氣就會打人或咬人，手裡一抓到東西就會又摔又踩，不然就是把東西扯壞，所以秀敏常常接到幼稚園打來的電話。秀敏以前就常為了這些事情生氣罵人，還不得已動手打了孩子，但反而越打越糟糕。到了七歲的時候，英浩甚至被診斷出罹患妥瑞症。[3]

英浩的病嚇壞了秀敏，從那時起她就再也沒有打罵過兒子，她下定決心要成為一位溫暖、包容的媽媽，不論孩子有什麼樣的狀況都一律接受，也鼓勵英浩把自己的情緒表達出來。秀敏實在太擔心孩子的學校生活，所以在英浩上小學之前，更是所有事都儘量順著孩子的意去做。

秀敏讓英浩來接受情緒輔導，自己也花很多時間跟孩子相處，做了這麼多努力之後，現在英浩即使生氣也不會摔東西了。不過，英浩還是常為了芝麻綠豆大的小事生氣，動不動就對朋友們說「不要，滾開！笨蛋！」之類的話。

當孩子開始念小學，就已經正式進入社會生活了，因此最好能在那之前讓孩子熟悉社會上可以接受的生氣表達方式。如果在小學一年級沒辦法順利建立良好的人際關係，就會被同學貼上標籤說是「沒教養的小孩」，小孩自己也會倍感挫折，在面對人群時變得消極。

為什麼英浩會常生氣呢？難道他天生就是一個愛生氣的孩子嗎？

傑羅姆・凱根（**Jerome Kagan**）被譽為二十世紀偉大的發展心理學家之一，他畢生致力於研究兒童情緒及認知發展。從一九八九年起，傑羅姆以五百名四個月大的嬰兒為對象，針對人類性格進行長達二十年的追蹤研究。研究結

---

3 妥瑞症是一種神經疾病，症狀是動作和聲音會抽動，平均好發於學齡前。大概有一半的患者會在青春期後大幅減輕症狀。

果顯示，每五名嬰兒中大概會有兩名是「低敏感」寶寶，看到陌生人的臉還是能保持冷靜；還有一名是「高敏感」寶寶，一看到陌生人的臉就會反應激烈。

低敏感的孩子看到沒見過的玩具時，會毫不猶豫地跑上前；看到第一次看見的杯子，也會大膽把手放進去。這類型的孩子比較容易發展出從容不迫、有自信，又外向的個性。相反地，高敏感的孩子一旦被父母放在地上，就會開始掙扎、雙腿亂踢亂蹬、激烈地大哭；要是有陌生人走進房間，這些孩子就會大叫：「不行！不可以！你不可以進來！」

高敏感孩子腦中的杏仁體（amygdaloid body，掌管人類本能的恐懼反應）特別容易受到刺激，面對全新且帶有刺激性的事物時，他們的神經會比一般人更覺得難受，因此他們對陌生事物的反應也更快、更激烈。這類型的孩子就是大人口中常說的「敏感、難搞的孩子」，他們長大之後比較有機會成為態度認真、小心謹慎且內向的人。

照顧敏感難搞的孩子其實非常辛苦，只要有一點覺得陌生，他們就不願意離開父母的懷抱；他們對聲音相當敏感，所以哄他們睡覺的時候還不能呼吸得太大聲；只要食物的味道稍微不合胃口，他們就會不吃。因為生活中有太多事情不如他們的意，所以他們也相對更容易生氣。照顧這樣的孩子，不僅要解決他們生活需求，還得全盤接收他們的煩躁不耐，認真照顧起來，每天的心情都會如履薄冰。有時候甚至會覺得自己很卑微，就像是對孩子唯命是從的「丫鬟」一樣。

面對這種敏感到讓人無法了解的孩子時，很少父母有足夠的功力可以照單全收，所以就會變成有時順著孩子的意、有時又打又罵。連父母自己也常覺得混淆：「到底要容忍孩子到什麼程度？」導致自己對待孩子的態度反反覆覆，一下子對孩子很好、一下子卻又火冒三丈。

這樣的教養態度，會讓孩子沒辦法預測父母可以接受自己情緒和要求的底線在哪，而因為無法預測，孩子的壓力就會跟著提高，也會不斷耍賴、死纏爛打，直到父母有所回應，到最後就被大人貼上標籤，變成「動不動就耍賴」、「無法控制情緒」的孩子。

但也不是因為這樣，就代表高敏感的孩子長大後都會變得愛生氣又有反社會人格，而低敏感的孩子就一定為人溫和又能融入社會。如果父母對孩子情緒和需求的敏感度也高，並且給他溫暖的關懷及照顧，就算是高敏感孩子，情緒問題也會比較少，甚至會擁有比一般人卓越的社交能力。《安靜，就是力量：內向者如何發揮積極的力量！》（Quiet: The Power of Introverts in a World That Can't Stop Talking）的作者蘇珊·坎恩（Susan Cain）說道：「高敏感類型的人容易對他人產生共鳴，情感豐富、樂於助人、善於跟他人合作、態度親切、有良知，看到殘忍、無理或不負責任的行為時會義憤填膺、打抱不平。他們在進行自己認為重要的事情時，成功的機率比較高。」

反過來說，如果讓高敏感孩子處在不安定的環境中，他深陷憂鬱的機率就會比低敏感的孩子高出百分之二十，免疫力也會相對較弱，容易感冒或罹患呼吸道疾病等等。高敏感孩子被環境影響的程度，會比低敏感孩子高出非常多。

所以這些孩子在嬰幼兒時期，特別需要得到溫暖的照顧與關懷。他看起來很煩躁時可以對他說：「原來你覺得很煩啊！」如果他哭得很傷心，可以對他說：「你很難過吧？」要是他們把不合口味的飯菜推開，可以對他說：「原來你不想吃啊！」用這種方法先開口解讀孩子的感受及需求，在能滿足他們的部分滿足他們，同時更重要的是，要教他們如何把自己的情緒適當表達出來。

人的情緒調節能力，是由腦部的OFC（Orbital Frontal Cortex，眼眶額葉皮質）掌管，OFC在人出生後的三年內成長到某個程度後就會停止發展。如果沒有在嬰兒期熟悉情緒調節的方法，未來就必須在這方面付出更多的時間和精力。想訓練敏感的孩子培養出情緒調節能力，就必須明確讓孩子知道，他提出的要求哪些恰當、哪些不恰當。

孩子之所以常常生氣，可能是因為先天比較敏感，或者是後天沒有學到怎麼調節情緒才造成的。先天敏感的特質沒辦法改變，更不是用責備的方法就能改善的；不過也別過於擔心，其實只要讓孩子的敏感特質轉化成優點，教導孩子如何依照實際狀況表達出自己的心情，就不會在這方面遇到瓶頸。雖然需要多投資一些時間和努力，但這個做法確實是可行、而且有效的。（在本書的第五章，會介紹訓練情緒調節能力的方法。）

孩子生起氣來完全無視我，讓我超火大

其實孩子的生氣情緒跟媽媽沒關係

小孩子生氣的理由可多了，玩具被別人碰一下會生氣、自己堆的積木被弄倒會生氣、想看電視爸媽卻不准也生氣。

記得我女兒差不多三四歲大的時候，很不喜歡我幫她把食物切成一小塊、一小塊的。有次我們在外面吃飯，桌上放了年糕、起司、香蕉等食物，為了讓孩子方便吃下去，我先幫她切成了一口大小，結果女兒看到之後反而又哭又鬧，在位子上掙扎還大發脾氣地跟我說：「你幹嘛切開?!把它全部黏回去啦！」當下我心裡又慌張，又有點傻眼，真不知道該怎麼辦才好。

這種情況不只發生過一兩次，從那次之後她幾乎每次吃飯都是這樣。其實那時候的我純粹只是怕孩子不方便吃，為了她不嫌麻煩地用心幫忙處理。現在回想起來，或許對孩子而言，親手拿起完整的食物來吃是一件很重要的事吧？

小孩子生氣的原因，對大人來說真的都是一些雞毛蒜皮的小事，也因為這樣，孩子生氣的時候大人往往會不放在心上，或是表現出不以為然。

像是：

• 喔？就為了那點小事生氣嗎？
• 有必要氣成那樣嗎？
• 這沒什麼大不了的，你又在鬧脾氣了！

常聽到這種話的孩子，會覺得自己的情緒不重要，以為自己太情緒化、太敏感，都是自己的問題。相反地，有些父母會一直哄孩子，先讓孩子脫離生氣情緒、變得開心再說。

像是：

• 我再拿一個更好的給你，好不好？這個怎麼樣？
• 知道了，知道了，對不起。我等一下買巧克力給你，可以了吧？

如果父母不斷採取這種態度，之後當孩子出現情緒波動時，就會選擇弱化自己的真實情緒，或是把注意力轉到其他方面。一旦養成這樣的習慣，孩子長大之後就容易尋求菸酒、電動等方式，暫時慰藉、痲痺自己並逃避現實。

情緒的感染力強，所以看到孩子發脾氣的時候，媽媽們十有八九心情都會跟著變糟，甚至有些父母還會變得比孩子更生氣。

- 你怎麼可以對媽媽發脾氣？是你說喜歡媽媽才幫你做的啊！媽媽到底做錯了什麼？你說！
- 話要好好說嘛！你那樣說，媽媽的心情也很不好。
- 你現在是在對誰發脾氣？怎麼這麼沒規矩！
- 你那是什麼眼神？一定要被教訓一頓才會學乖嗎？
- 因為媽媽太寵你，你就以為媽媽好欺負嗎？

不時聽到這種話的孩子會認為，表達自己的情緒是件壞事，會破壞自己跟爸爸媽媽之間的關係。這種想法在心裡根深蒂固後，他們就會慢慢養成壓抑情緒的習慣，成為「壓抑型」的人。等到孩子自己也為人父母之後，多半也會不自覺地壓制孩子的情緒。

當孩子生氣時，如果父母表現得比孩子更生氣，孩子就會覺得害怕、畏縮並立刻屈服。這方法的確是能快速解決當下的狀況，不過沒有任何爸爸媽媽會希望孩子變得很怕自己，所有父母都希望能讓孩子感受到愛，也得到孩子的愛。如果是這樣的話，就需要採取其他方法來面對孩子的生氣情緒。

我們先來了解一下孩子為什麼會生氣。孩子是因為沒把媽媽放在眼裡才生氣的嗎？是以為媽媽好欺負？還是想要操縱媽媽？當然這些都不是真正的原因。如果覺得這種想法很有說服力，那麼就要翻開我們自己的成長史仔細觀察一下，並問問自己：「看事情的角度明明可以有很多種，為什麼我總是選擇這樣想呢？」

其實孩子的生氣情緒跟媽媽沒有關係，他們生氣的理由很單純，就是因為自己的期待沒有被滿足。明明跟媽媽沒關係，卻選擇對媽媽發脾氣，是因為媽媽是讓孩子最舒服，也最能滿足孩子自我需求的人。如果奶奶還在，或是父子關係更親密的話，孩子發洩怒氣的對象可能就會轉成奶奶或爸爸。

雖然孩子表面上看起來粗魯又沒禮貌，但他的心裡或許正因為事與願違而覺得挫折、鬱悶又難過。自己鬱悶難過的心情可以向誰吐露呢？應該是讓自己覺得最有安全感的人吧？因此孩子之所以會對媽媽發火，就是因為媽媽是最讓他們能感受到安全感的對象。

生氣的孩子需要的，是自己鬱悶的心情能被認同，並學會用對的方法表達出自己的心願，而不是被罵：「你幹嘛發脾氣?!」人在生氣的時候，如果有人能理解自己的心情，在了解自己心情的人面前就不用一一說明，也不必激動表達，所以通常怒氣也會立刻平息下來。

要是孩子的生氣情緒一直持續、沒有好轉，就表示孩子心裡還沒完全接受對方的理解。「你想要的是這個吧？媽媽能理解的。」像這樣明確指出孩子心中的期盼時，他一定會用力點頭回答：「嗯！」粗暴的語氣和舉動也會不自覺地緩和下來。

曾經被關進納粹集中營，在鬼門關前走一遭的「意義治療」創辦人——奧地利猶太裔的精神病學家維克多・弗蘭克（Viktor Frankl）說過：「在刺激與反應之間，是有空間的。」他指出，人在面對外在刺激的時候有兩種類型，有的人會自動習慣性地直接反應：「沒辦法，就是這樣。」這樣的人屬於反應型；而另一種人則是主導型，他們會先思考：「我想要什麼？」然後再選擇自己要怎麼反應。

在刺激跟反應之間，空間比較小的人相對也比較容易陷入被害意識；而空間越大，主導性就會越強。反應型的父母遇到孩子生氣會跟著一起生氣，不過主導型的父母就算看到孩子生氣了，還是會理性選擇自己要說些什麼、做些什麼。讀到這裡，你想要成為怎麼樣的父母呢？

孩子不開心、鬧脾氣，全都要體諒嗎？

要包容到什麼程度，媽媽可以自己選擇

家裡有一個五歲女兒的允熙，最近只要看到孩子表現出不耐煩的樣子，火氣就會跟著往上冒，她拚命想壓下自己的不開心來包容孩子的脾氣，卻深感力不從心、覺得壓抑又委屈。

她們家常出現這種狀況：允熙可以理解孩子討厭刷牙的心情，所以會給好幾次機會，但孩子卻一直站在浴室門口鬧脾氣，怎麼樣都不去刷牙。這時允熙就會提高分貝大喊：「還不快過來！」孩子聽到媽媽這樣說，心情更差，就更沒大沒小地吼回去，結果孩子沒禮貌的口氣也激怒了允熙。

到底應該包容孩子的脾氣到什麼程度呢？孩子心情不好就大吼大叫，這個舉動要當場糾正，還是要等孩子情緒平復再說？究竟該用什麼方法教孩子，才能讓孩子學會用正確的方法表達情緒？這些問題，著實讓允熙煩惱不已。

為此苦惱的不只有允熙，每次我在親職輔導課聊到「認同和共鳴」這個話題時，也常聽到其他媽媽們跟我訴苦：「這點好難喔！」、「怎麼有辦法每次都做到？」、「為什麼孩子可以鬧脾氣，我就要好聲好氣包容他？」

如果我們在自己的成長過程中沒有看過、也沒有聽過父母這樣對待我們，卻被要求如此對待孩子的話，做起來就會覺得彆扭又困難，還會委屈地想說：「為什麼只有我要改？」

有人會問：「只要孩子鬧脾氣，我就一定要統統體諒、完全包容嗎？」對於這個問題，我的答案是否定的。世界上沒有任何一對父母有義務要做到：「隨時都能解讀孩子的情緒，總是好聲好氣說話」。父母也是人，是擁有自由意志的個體，所以不管是誰都不能強求父母完全認同自己，而父母也不用逼自己一定要完全認同孩子。

英國迷你科幻劇《真實的人類》（Humans），實際呈現出未來社會人工智慧機器人普及之後的家庭生活。女主角羅拉（Laura）某天出差回家，看到家裡突然出現了一個陌生的女人——安妮塔（Anita）。安妮塔是一個人工智慧機器人，因為羅拉太常出差，老公每次都要自己一個人做家事、照顧三個小孩，實在太累太煩，於是就買了一個機器人回來幫忙。安妮塔會準時做好豐盛的早餐、把家裡打掃得乾乾淨淨、認真聽孩子們說話，而且有求必應，跟羅拉不一樣。後來，羅拉發現自己在家中的地位慢慢被安妮塔取代。

影集裡的安妮塔就是模範媽媽的典型，她跟現實中的媽媽不同，她有源源不絕的體力和卓越的資訊處理能力，不會暴怒或陷入憂鬱，也不會忘記該準備哪些東西，所以羅拉的孩子們都喜歡安妮塔。

有一次，羅拉的小女兒選擇了讓機器人安妮塔為自己念床邊故事。當羅拉對女兒說：「應該要讓媽媽念故事給你聽啊！」小女兒回答：「不要！我喜歡安妮塔。安妮塔都會慢慢念給我聽，不像你都會急著念完！」

要是可以對機器人下令：「解讀孩子的情緒吧！」想必機器人一定會立刻照做。不過就算是萬能的機器人，也有他／她絕對做不到的事，那就是：愛與認同。或許機器人可以說：「我看你在哭，你應該是很難過吧？」但他／她無法直接感受到難過的情緒，也不會產生同情。就算機器人會說「我愛你」，也無法像人類一樣，因為發自內心的愛而做出行動，像是覺得對方太可愛而親吻他，或是忍著自己生病不舒服還是願意幫對方做飯……等，這些源於心理動力的行為，機器人都沒辦法做到。除此之外，機器人也無法表達情緒、辨別事情的輕重緩急、反省檢討，以及負起責任，這就是為什麼機器人再厲害都無法取代人類、取代媽媽的原因。

媽媽不是機器人，媽媽沒辦法成為機器人，不需要也不該成為機器人。跟機器人不一樣的是，每個媽媽都有自己獨有的情感及需求，所以會生氣、會憂鬱，也會陷入恐懼。媽媽是「人」，隨時隨地都在經歷這一切事件衍生的情緒。機器人沒有情緒和想法，也沒有意識，所以無法自行判斷。不過媽媽當然有能力自行判斷，然後按照判斷做出選擇。「看到孩子鬧脾氣要採取什麼行動？」這個決定權完全在於媽媽自己。不論怎麼選擇，媽媽的行動都會影響孩子，所造成的結果也會再次回到媽媽身上。

跟允熙有相同煩惱的媽媽們，在這裡想對你們說，從現在開始不用再為這點勞心傷神了、不需要繼續機械式地按照專家意見去做，也不該滿腹委屈地覺得：「我為什麼要犧牲到這種程度？」親愛的媽媽，請認真問問自己：「我究竟想要選擇什麼？」

讓我們抽個時間靜靜地坐下來，在紙上寫：

- 我想成為怎麼樣的父母？為什麼？
- 孩子長大成人之後，我希望在孩子心中留下什麼樣的形象？為什麼？

課堂上談到自我認同這個主題的時候，我常問媽媽們一個問題：「你小時候想從父母身上得到，卻得不到的是什麼呢？」對於這個問題，大部分媽媽寫的答案都是「愛」和「關心」。

其實我們對父母期待的並不多，當我們擺出一張臭臉時，會希望爸媽不要只是瞥我們一眼說：「你這孩子怎麼搞的？表情老是那麼難看。」而是能問問我們：「發生什麼事了嗎？」當我們把東西弄丟時，會希望父母不要直接開罵：「早就叫你把東西收好嘛！連個東西都顧不好嗎？」而是能安慰我們：「你那麼喜歡那個東西，弄丟了一定很難過吧？」當我們成績退步時，會希望媽媽不要諷刺我們：「看你之前玩那麼兇，就知道你會考差了啦！你這樣還想上大學喔？」而是能做一頓熱騰騰的飯菜鼓勵我們：「媽媽煮了你最愛吃的菜，趕快趁熱吃，繼續加油喔！」

我們的孩子也一樣，他們想要的並不是「說起話來總是溫柔」、「永遠敞開雙臂給予包容」……這種高理想值的萬能媽媽，也不是「身材苗條又漂亮」、「很會煮菜、常買玩具」的媽媽，更不是「聰明又有錢」的媽媽。他們只需要我們的關心和愛。

各位希望自己在孩子心目中留下什麼樣的印象呢？「我一生氣爸爸媽媽就比我更生氣」？還是「爸爸媽媽能理解我為什麼生氣，然後用言語和行動教我怎麼好好表達怒氣」呢？

無論往哪邊走都是自己的選擇，但我知道你會選擇後者。即使這條路走起來並不容易，你還是願意走這條路；就算現在很難做到、甚至對自己失望又自責，你還是會選擇第二條路。你現在還沒闔上這本書，就是最好的證明。

不過，有時候我們明明想包容孩子的壞脾氣，卻又覺得難以接受，尤其是當我們自己也充滿負面情緒、或是已經把要求降到最低卻還是無法滿足的時候。這種情況我們已經遇過太多次，而且往後還是會一再地發生。

人在情緒波動時就會很難對其他人產生同理心，所以其實問題並不在於孩子大發脾氣、太過任性，而是因為我們的內心器皿已經滿到承擔不了。這種時候再怎麼努力想認同別人都沒有用，只會覺得更憤怒、更委屈。這時反倒是父母自己更需要得到認同，因此自己要先認同自己，或者是去跟能認同自己的人見面，紓解自己疲憊無力卻又快要爆炸的心。

小孩子的力氣比父母弱小，知識、智慧、經驗、金錢、體力等各個方面的資源也都比父母來得少，所以他們能看到的視線範圍也比較狹窄，只能根據眼前的情況判斷、不懂得要為別人著想，只會先顧到自己。孩子心裡可以盛裝情緒的容器就跟醬油碟一樣小，所以當然容易鬧脾氣或做出情緒化的舉動。兩相比較，父母比孩子更強，情緒調節能力也更好。在這樣的情況下，父母對孩子產生的共鳴，當然也會比從孩子身上得到的共鳴還要少。

我們不是因為必須包容才包容孩子，而是因為我們比孩子更成熟、更有智慧、更有能力，所以當然是由我們來包容孩子。不過當這份成熟、智慧與能力用罄、快要見底的時候，我們就爽快地承認「我現在需要被認同」吧！

孩子的心真讓人難以捉摸

遊刃有餘地在能力所及範圍內盡力就好

我女兒每次做兒童健康檢查的時候，身高總是矮別人一截，比平均低標還要再矮一些。差不多到了五歲的時候，她就開始會氣呼呼地問我：「媽媽，為什麼我長得這麼矮？」她在幼稚園裡曾經有個比她大一歲的姊姊對她說：「你看起來比其他五歲的人還要矮耶！」就連去遊樂場的時候，也常常被路上的老奶奶問：「你幾歲了呀？四歲嗎？」聽到別人這麼說，我女兒都會很難過。

看到孩子對自己的外貌不滿意的時候，爸媽通常都會說：

①哪有？你哪會矮？你絕對不矮！
②你太擔心了啦！爸爸媽媽都長得很高，你很快就會長高的。
③那個人講話怎麼那麼難聽？我去罵他一頓！
④你要多運動才會長高，下個月開始去學跆拳道吧！

⑤所以媽媽不是跟你說晚上要早一點睡覺嗎？

雖然這些說法都是出於好意，不過這麼說其實跟「解讀」、「傾聽」孩子的心相去甚遠。

①雖然是為了安慰孩子才這麼說的，不過這等於是在否定孩子的「想法」。孩子覺得自己長得矮，這個想法並不是爸媽要求他／她改，他／她就能輕易改掉的。

②這句話的目的也是為了要安慰孩子，但這種說法等於是阻斷了孩子擔心的「情緒」。孩子不是刻意要去擔心，而是不由自主地擔心。像「你以後就會長高」這種預測，對於目前只能看到眼前、沒辦法長遠思考的孩子而言是聽不進去的。

③這麼說或許能讓孩子暫時覺得痛快，但這表示父母打算由大人出面幫孩子解決問題。孩子的問題其實應該要先由孩子自己解開，如果不希望剝奪孩子的自主性，在孩子開口請求幫助之前，爸媽先不要主動出面會比較好。

④這句話是在提出解決方案。但假如孩子並沒有要求爸媽幫忙想辦法，

或者爸媽是在沒有完全同理孩子的情況下提出辦法，這些解決方式都很難讓孩子覺得滿意。

⑤這個說法是在分析孩子長不高的原因，然後把責任推到孩子身上，這只是媽媽自己想講的話，跟孩子目前的感受及心情沒有關係。如果我們生病的時候聽到老公說：「就是這樣才叫你去看醫生嘛！幹嘛一直硬撐？」我們會做何感想呢？孩子聽到媽媽那樣說，感受也是一樣的。

我們再回顧一下薩提爾的冰山理論（參見第45頁）。在孩子表面上呈現出來的言語和行動裡，蘊含著他的情緒、想法、期待與渴望。而「解讀」孩子的心，就是指把孩子的情感及需求用言語表達出來，讓冰山之下那些深層的部分浮出水面。這時不該摻入媽媽的建議、期待和要求，以及媽媽的情緒。在談論孩子內心世界的時候，一旦把話題的焦點轉移到媽媽的心情上，從那瞬間開始就已經不再是傾聽了。像鏡子一樣如實反映出孩子感受到的情緒和需求，才是真正的傾聽。

我們來看看下面這個對話的例子：

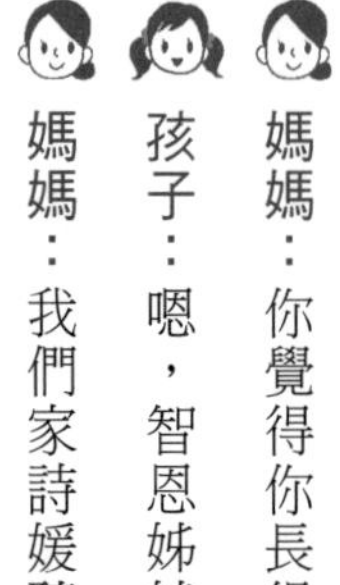

孩子：媽媽，為什麼我長得這麼矮？

媽媽：你覺得你長得很矮嗎？

孩子：嗯，智恩姊姊笑我，說我比其他五歲小朋友還要矮。

媽媽：我們家詩媛聽到她那樣說，一定很難過吧？

孩子：對呀！她怎麼可以那樣說？好煩喔！

媽媽：是啊，詩媛也很努力想長高，可是都長不太高，很難過嘛！
結果連智恩姊姊都那樣說，詩媛心情一定很不好對不對？

孩子：我以後不想跟那個姊姊玩了。

媽媽：詩媛你討厭那個姊姊嗎？因為姊姊說詩媛很矮嗎？

孩子：嗯，我也要笑姊姊長得很醜！

媽媽：看來詩媛真的很傷心，才會想要嘲笑姊姊啊！

孩子：姊姊怎麼可以嘲笑妹妹呢？

媽媽：詩媛應該是希望那個姊姊能考慮到你的心情，對吧？

不管孩子說了些什麼，當我們重述孩子的情緒和需求時，他們的情緒就會自然而然平靜下來。在上面例子的對話過程中，不只是孩子更清楚明確地釐清自己的心情，媽媽也更能夠理解孩子的感受；也就是說，孩子和媽媽兩方的冰山連結起來了。在產生連結之前，就算大人直接提出解決方案也起不了作用，因為那只是沒有充分了解孩子內心情況就提出來的草率辦法而已。在解決之前要先連結！只要產生了連結，接下來的後續部分就能輕鬆解決。

七歲大的孩子也會因為身高問題難過，每次女兒為自己的身高苦惱時，我就會留意兩個部分：

第一，不要試圖把孩子的苦惱縮小。如果對孩子說：「你幹嘛那樣？你就是因為不好好吃飯才長不高啊！」或說：「以後自然就會長高，有什麼好擔心的呢？」這幾種說法都會讓孩子沒辦法繼續講下去，對話就會中斷。

第二個部分就是，盡量不要由我出面解決。如果孩子是因為需要有個人傾聽、想被認同而來找我們對話，其實根本就不需要解決方案。就算孩子自己提出想找出解決的辦法，去執行的主角也應該是孩子自己，不能由我來主導。

當然，要用這種方式配合孩子的程度來聽孩子說話，的確是一大挑戰。看到孩子因為積木被弄倒而亂發脾氣、大吼大叫時，還要好聲好氣地對他說：「你用心堆好的積木整個倒下來了，所以你才那麼生氣吧？」這真的需要相當大的耐心，因為每個人基本上都會有一定程度偏向以自我為中心。

所有人都很容易根據自己的標準來評價別人，像一個月生活費花六萬塊的人，會認為一個月花九萬塊的人很浪費，然後覺得一個月花三萬塊的人太過節儉。人不但會以自我為中心，還會物以類聚，選擇跟自己比較像的人相處。書念得好的人，通常都會跟其他成績好的人打成一片，根本無法理解為什麼會有人覺得「讀書好難」。尤其人在思考模式固定下來之後，就會更容易以自我為中心。

「自我中心傾向」也同樣適用於親子關係，大人面對孩子情緒的時候，也常先把自己的立場擺在前面。孩子鬧脾氣的話，大人會不耐煩地說：「有必要為那種小事發脾氣嗎？」」如果孩子不敢邋鞦韆、覺得害怕，大人就會一把抓住孩子的手說：「不會啦！邋鞦韆一點都不可怕！」」當孩子生氣時，媽媽會說：「媽媽是為你好才這樣做的，你為什麼生氣呢？」

「自我中心傾向」是傾聽時的一大阻礙，除非有意識地刻意避免，不然人往往會把自己的情緒擺在第一順位。之所以會這樣，「不習慣」也是主要原因之一。要是不常有人傾聽自己的心聲，自然就會連聽到「原來你是這麼想的啊！」這句話也覺得陌生。就像看書學怎麼談戀愛的人很難把戀愛談好一樣，如果只是透過看書學習如何傾聽，那麼光是要讓自己的想法停下來、完全專注在對方所說的話和心情上，就需要花上一段相當長的時間。這就跟完全不知道甜甜圈吃起來是什麼味道，就要做出一個甜甜圈一樣。

話雖然這麼說，但意思並不是傾聽就不需要學習。學習傾聽是必要的，因為「傾聽」是對話溝通及人際關係的基石。

在說明何謂「良好的傾聽」時，我常會提到一個「月亮和公主的故事」。很久很久以前，有一個備受國王寵愛的公主，她五歲大的時候突然生病了，變得鬱鬱寡歡、不喜歡笑。國王一心想看到女兒找回快樂的笑容，就對公主說：「你想要什麼都跟我說吧！」沒想到公主竟然說：「如果我能擁有一個月亮，很快就會好起來的。」

愛女心切的國王一聽，立刻急著去找能摘下月亮的方法。他找了侍衛隊長、御用魔法師、宮廷數學家……，把全國上下各領域的專家都召集過來研究，不過因為月亮實在是太遠、太大也太過冰冷，所以他們都異口同聲地告訴國王：「沒有可以摘下月亮的方法。」

公主病得越來越重，到最後甚至什麼東西都吃不下。憂心的國王想解開心裡的煩悶，便叫了宮中的小丑過來。仔細了解事情的來龍去脈之後，小丑走向公主，問了公主幾個問題：

「公主，請問月亮有多大呢？」

『比我的大拇指指甲還小一點。我伸出大拇指對著月亮，剛好可以把月亮遮住呢！』

「請問月亮在多高的地方呢？」

『還不到我房間窗戶外的那棵大樹那麼高，有時候月亮會掛在那棵樹的樹梢上。』

「那麼，請問公主，月亮是用什麼做的呢？」

『當然是用黃金做的囉！你連這個都不知道嗎？笨蛋！』

聽完公主的描述後，小丑跑去請金匠用黃金做了一個像指甲般大小的金月亮，帶回來獻給公主。公主如願得到想要的月亮後，就恢復了健康。

在這個故事裡，只有小丑真的想知道公主口中說的「月亮」是什麼意思，也就是說，他很好奇以公主的角度看到的「月亮」究竟是什麼？因為小丑帶著好奇心詢問並傾聽，所以他才有辦法找出「金月亮」這個解決方案。

即使沒辦法全盤了解對方，也依然能愛著對方；同樣地，即使不認同對方，也還是能聽他說話。雖然這麼做並不容易，但絕對值得我們努力嘗試。當我們把自己的大腳塞進孩子的小鞋子裡，蹲下身體、牽著孩子的手，以孩子的高度來看這個世界，就能獲得跟孩子一致的感受！

不過別忘了，按照自己想做到的程度，也按照自己能力所及的範圍，把眼光放遠，一步一步慢慢來吧！

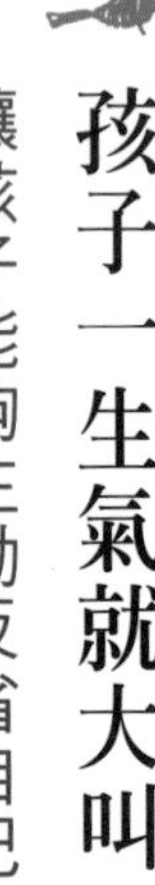

孩子一生氣就大叫、亂摔東西，講都講不聽

讓孩子能夠主動反省自己並負起責任

孩子遇到不順心的事情發脾氣、做出粗魯舉動時，父母可能會被嚇到不知所措。看到孩子咬同學、用頭去撞牆撞得「砰砰」作響，大人會心想：「孩子怎麼會變成這樣？」然後也因為被嚇到而用各種方法試圖阻止孩子的行為。

例如孩子在賣場裡吵著要買玩具，一被拒絕就把那玩具隨便亂丟，這時父母通常會有下列反應：

- 你再這樣，以後就不帶你來賣場了。
- 警察叔叔會來把你抓走喔！
- 其他小朋友有像你這麼壞又亂丟東西嗎？沒有！為什麼只有你這樣？你弟弟又乖又聽話，你當哥哥的怎麼都不懂事？唉唷！真丟臉。
- 你往哪裡亂丟？不知道這樣很危險嗎？還不快撿回來放好！

・這裡的玩具都是要讓別人買回家的。你弄壞了就要賠錢，快道歉！

・丟什麼東西！你知道自己做了什麼好事嗎？都跟誰學的？

這裡大人使用了以下策略：

・指示和命令：撿回來！／快道歉！

・脅迫和警告：不帶你來了。／警察叔叔帶你走。

・比較：弟弟都很乖……

・理性說服：這些都是新的。／要賠錢喔！

・追問：為什麼亂丟？／跟誰學的？

父母是希望孩子能明白自己錯在哪裡，下次不要再犯。為了達到這個目的，大人會生氣、用各種手段，不過父母想教的，真的能透過這些完整傳達嗎？孩子聽了上面的那些話，就能發自內心地說「我做錯了，我下次不會再犯了」嗎？

我們先回想一下自己小的時候吧！被拿來跟別人比較的時候、被強制要求及脅迫的時候、被指示和命令的時候，我們的心裡會產生什麼樣的作用呢？是會老老實實地聽從父母的話，還是想大吼：「我為什麼一定要那樣！」然後心裡更彆扭呢？是會窩心地覺得「爸爸媽媽是因為愛我才這麼說的」，還是會難過地認為「為什麼爸爸媽媽都不了解我」呢？

比較、強求、脅迫、指示和命令，會激發孩子心裡覺得丟臉、自責、害怕等負面情緒，這些情緒會消耗掉精力，也會讓人喪失熱忱，沒辦法繼續學到新事物，當然也很難產生積極正向的變化。假如孩子真的乖乖地順從這些話，與其說他們是認同父母講的話，不如說他們只是討厭讓大人「更生氣」罷了。也就是說，孩子這樣的行為並不是出於想追求期盼的「趨向型動機」，而是出於想避免遇見討厭事物的「迴避型動機」。

如果孩子是因為害怕、丟臉、覺得自責、或討厭被罵才不做那些行為，那等到會罵自己的父母不在時，他們又會重複做出同樣的舉動，而父母也必須慢慢提高責備的強度才能維持相同的效果。經歷了這些過程，最終會留下什麼呢？我想可能會出現這樣的狀況：父母會自暴自棄地覺得「我的小孩就是不聽話」！而孩子也會覺得「爸媽天天都愛生氣」。

人聽到什麼樣的話、被如何對待才會樂意做出「更好的行動」呢？是聽到「不聽話警察叔叔會生氣喔！」還是聽到「我好擔心你喔！希望你以後可以不一樣，你覺得呢？」是聽到「不是跟你說過不行！要講幾次你才懂？」還是聽到「你也努力想做好，這次沒做到很難過吧？需要媽媽幫什麼忙？」而「你每次都這樣，到底是像誰？以後我不管你了！」跟「我們一起找方法吧！一定有好辦法的」，哪句話會打動你的心，讓你願意去身體力行呢？

當人被信任和鼓勵、被愛和尊重、被認定和支持，以及被理解和傾聽的時候，心門就會敞開。不論男女老少、位階高低都是這樣，彼此的心門要先打開，對話起來才會有發展性。因為從外部來的單方面強求、指示和脅迫而出現的改變都很短暫、細微，而且那些要求具有暴力性。人只有在自己樂意去做、覺得自己需要而主動選擇新的行為模式時，達到的改變才能持續並穩定紮根。

這個時候，教導者的「觀點」比教導的「方法」更重要。假如父母的觀點覺得：就算用各種厲害的技術也很難讓孩子改變，有這種想法就注定會失敗。

・反正孩子講也講不聽。
・他天生就是攻擊性很強嘛！
・他很難改變啦！
・要用打的教他，他才會懂。

我們換個方法，改用下面這樣的觀點看待孩子怎麼樣？

・他會這麼做，背後一定都有原因。
・是他做出來的行為不好，不是孩子不好。
・孩子是會改變的。
・花多一點時間也沒關係，投資的時間絕對不會白費。

一九七四年，在加拿大一座小城市艾美拉（Elmira）發生的事，可以當成一個很好的範例，讓我們了解怎麼用新的方法去面對那些問題青少年。當時有兩名十八歲的年輕人要去找朋友喝酒、吸毒，結果被警察攔下。警察勸他們趕快回家，他們不聽勸告，一氣之下反而逃離現場、到處大肆破壞，用刀破壞了二十四台自小客車，闖入二十二戶人家拆毀圍籬、打破窗戶，還砸毀十字路口的紅綠燈、觀景台等公共設施。從凌晨三點到五點，不過兩個小時，他們就犯下多起案件，讓整個社區陷入恐慌。

在傳統的法律體系之下，他們必須被送進監獄，不過負責協助他們的觀護人瑪克楊契（Mark Yantzi）對法院這樣的處理方式提出了疑問。他認為用這種方式懲罰這兩名少年，既沒辦法彌補被害者精神上和經濟上的損失，也無法預防他們再次犯罪。於是瑪克在法官的同意之下，帶著兩名少年去跟受害者見面、道歉，讓他們聽聽被害者們的聲音。

兩名少年聽到自己突然心血來潮的破壞對當地居民帶來多麼大的恐懼後，發自內心地反省自己並請求受害者原諒。另外，他們也去擔任義工、支付現金賠償等等，在實質上償還他們造成的損失。

藉由這方式讓被害者得到賠償，也讓身為加害者的少年開始懂得反省，並學習怎麼為自己的舉動負責。慢慢地，整個社會的觀點也開始改變，從原本的「犯錯就必須接受懲罰」轉換成「應該要讓犯錯的人察覺自己的錯誤並負責」、著重的焦點也從「罰則」轉換到了「恢復和解決」上。這些思維產生的變化同時改變了兩名少年的人生，這個案例也正式開啟了「修復式正義」的推動。

釐清了觀點的差別後，接著提出下面幾種教養方法讓媽媽參考：

1. 讀懂孩子的內心

孩子通常是因為遇到有事情不順心才會生氣，所以要先讀懂他的「心」。當小孩遇到了解自己心情的人，就會豎起耳朵聽對方說些什麼。如果我們一開始就先讀出孩子的心情，孩子的耳朵也會立刻打開。

- 原來你是因為撞到桌子很痛，所以才生氣的啊！
- 你想跟朋友一起玩，可是他們都不跟你玩，難怪你會生氣。

2. 示範給他看

直接讓孩子看到我們是怎麼表達生氣，還有讓自己冷靜下來的方法。

- 生氣的時候深呼吸，可以緩解怒氣。
- 被惹怒的時候用冷水洗臉有鎮靜的效果。

・如果你已經在生氣，不要大叫，可以說：「媽媽，我現在在生氣。」

3. 讓他自己做做看

沒有自己做過就學不到，讓孩子親自試著做一次，這是能最快學會的方法。可以讓他當場試試看你教他的冷靜法和表達法。

・現在我們一起深呼吸。
・你去用冷水沖一下臉看看。
・○○啊，你要不要說說看「我現在很生氣」？

4. 彼此分享心得

一起討論剛剛試用的方法效果怎麼樣。萬一覺得沒什麼幫助，就再找找其他方法；如果覺得效果不錯，就稱讚一下樂於嘗試的孩子，然後請他下次生氣時試試這個方法。

・你試過之後覺得如何？

・有效嗎？還是要再找找別的方法？
・下次生氣的時候，我們就這麼做吧！

教孩子新的事情時，「提問」是一個很棒的工具，因為提問可以刺激「思考」。爸媽與其用一般的方式直接告訴他答案，不如丟出一個好問題讓孩子自己先想過一遍，他可能還會說出讓人驚喜的答案。當然小孩子的回答也許會有點幼稚或不切實際，不過要是能用提問讓孩子自己找到適合又值得一試的答案，不也很讓人開心嗎？而且如果孩子自己去找答案，他願意去做的機率也會比較高，畢竟最後要付諸行動的主角還是孩子自己。

舉個例子來說，當孩子搶了朋友的玩具，大部分的爸媽都會壓著孩子的頭要他道歉：「趕快跟人家說『對不起』。」的確需要教孩子懂得認錯和道歉的勇氣，不過孩子被用這種方式逼著說對不起，是沒辦法發自內心道歉的。然後看到勉強擠出「對不起」這三個字的孩子，家長又會再次被惹怒，說：「你有誠意一點！」如果想讓孩子誠心地道歉，就先別強迫他，換個順其自然的方法讓他察覺自己的錯誤，像是下面幾個提問：

- 你對朋友大吼他就哭了，你看到他哭心裡有什麼感覺？
- 如果今天朋友對你大吼，你心情會怎麼樣？
- 朋友哭成那樣，你覺得應該對他說些什麼？

當孩子用粗魯或暴力的方法表達生氣情緒時，父母選擇懲罰或教訓孩子，就很難期待他能自發性地改變，而看到處罰完還不願意改的孩子，父母就會更加失望。應該要讓孩子自己明白生氣會帶來什麼影響，並訓練孩子一步步地改變表達情緒的方式。

想想著名的伊索寓言故事《北風與太陽》，我們就能知道人會在什麼樣的情況下產生改變，只是我們暫時忘了那些自發性改變的經驗而已。「我的孩子什麼時候學得更好呢？」試試用這個觀點來觀察一下孩子吧！唯有父母才是對孩子最有影響力的人，也是最了解自家寶貝的人。

第4章 生氣居然可以預防？

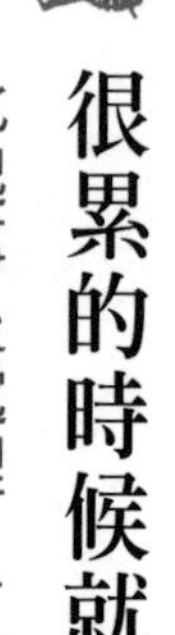

很累的時候就更想生氣

比起事後處理，更重要的是事先預防

瑜荷是三個孩子的媽媽，先生因為大環境不景氣、工作遇到一些困難，完全沒辦法幫忙處理家務事，所有教養小孩的事情都必須由她一手包辦。家裡的三個小小孩都還不到上學的年紀，通常瑜荷光是忙前忙後照顧三個小鬼頭，一天的時間就過了；對孩子發脾氣、扯著嗓門大吼大叫更是家常便飯，根本沒有餘力去思考別的解決方法。她最希望的就是能用最快的速度停止混亂的狀況，就算方法有點暴力也沒關係。

晚餐時間是瑜荷特別容易暴怒的時候，因為那時一天的體力跟精力都差不多要見底了。邊餵三個小孩吃飯，她心裡就邊提醒自己「忍字頭上一把刀」、一定要忍，可是當餐桌上一片混亂，又跟孩子起衝突時，她的耐心立刻消耗殆盡，聲音也開始大了起來。結果通常就是她又拎起棍子，並且把所有能說的、不能說的都一股腦爆出來。等到晚上好不容易把孩子哄睡了、夜深人靜時，自責、懊悔的心情就會開始一波波地湧出來，讓她不斷問自己：「我到底都做了些什麼啊……」

在已經生氣的狀態之下要忍住不發火，就像是撲滅已經快速蔓延開來的森林大火一樣困難。不過一場可怕森林大火的開始，往往也只是一個小小的煙蒂，只要不亂丟煙蒂就能有效預防；同樣地，生氣也可以從小小的生活習慣開始預防。而且預防比處理生氣情緒更重要，不是在已經開始生氣之後忍著不把怒火發出來，反而是要預防一開始的生氣情緒，下面就來介紹幾個預防生氣的生活習慣。

1. 滿足吃飯、睡覺、休息的需求

照顧嬰幼兒的媽媽們，睡眠時間會被切割開來、飯也常吃得有一餐沒一餐的，整天跟在孩子屁股後、像個陀螺般打轉更是常有的事。就連想按時吃飯、睡飽，有空坐下來休息，對媽媽們來說也都是種奢侈，還因為沒時間運動，所以體力自然也跟著越來越差。

肚子餓的時候，神經就會很緊繃；如果沒有睡好，人就會覺得疲憊、心情變得更敏感；要是完全不休息地工作、做事，絕對會筋疲力盡，這些都會讓人踏上更快生氣的路。

心情跟身體狀況相互連結、密不可分，如果身體無法放鬆、生理需求沒辦法被滿足，心情就會很容易觸礁。連身體的最低需求都沒有滿足，還要自己不發脾氣，這就跟完全不念書還想拿好成績、或是明明花錢如流水卻希望自己能存到一大筆錢一樣困難。

有解決的方法嗎？有，那就是記得好好吃飯別餓肚子、一天至少睡滿五個小時、身體太疲勞時就要立刻休息。每個人體力不同，所需要的基本需求也有差，不過建議至少要達到這個量。如果自己一個人很難辦到，就需要尋求協助，像是別煮飯、去外面買飯回來吃，買台洗碗機幫你洗碗，或是讓老公幫忙哄孩子睡覺。減少自己的工作量，生氣情緒也會自然跟著減少。

2. 了解自己的小情緒

其實我們每個瞬間都會有情緒，即使沒有意識到，它也依然存在。而這些情緒都會一直影響我們說的話及表現出來的行為。要是選擇忽視，這些情緒反而會一步步增長。就像是一個人喊著：「看看我吧！」這時如果被對方忽略，沒有被注意的負面情緒最後就會演變成生氣情緒轉而攻擊對方，或是演變成憂鬱情緒來攻擊自己。接著身體也會跟著生病，因為停滯的情緒會妨礙血液的循環。憋住的情緒比速食、過勞更傷身。

人會選擇壓抑情緒，是因為不知道怎麼和情緒和平共處。如果不去留意，那些情緒就會在不知不覺中越演越烈，甚至像怪物一樣把我們吞沒。因為平常不知道自己有哪些情緒、以及為什麼這些情緒會找上門，才會被情緒偷襲。有些人說：「我本來都好好地沒事，可是有時候就是會突然爆怒。」其實他不是真的沒事，只是沒看清自己的心才沒有發現。平常捕捉到自己細微的情緒時都去了解那是什麼情緒、為什麼會出現，還有自己想要怎麼處理，就可以避免自己被情緒的大浪捲走。

建議大家在每天結束時增加一個固定行程，就是在睡前「檢視情緒」。

①試著找出一天中感覺情緒最強烈的瞬間。

②把當時感受到的情緒命名，像是「非常無聊」、「後腦杓很緊繃」、「覺得提心吊膽」、「一直覺得煩躁」等，將身體和心裡的情緒反應言語化。

③把情緒命名後，接著找出是什麼原因刺激你產生那種情緒。是因為孩子吃飯超過一小時、因為孩子放暑假老公說要全家回公婆家住、還是因為醫生說健康檢查報告有問題，需要進一步追蹤？要找出具體的事情或對象。

④最後一步就是要找出解決方法。試著找到實際可以解決或預防那件事情的方法，或是想想自己再度遇到那種狀況時，當下會想做哪些不同的處理。

只要保留五分鐘的時間問問自己：「我現在感覺還好嗎？」、「我今天的心情如何？」這樣就夠了。在這段與自己對話的短暫過程中，能幫助我們更了解自己，並引導自己走上自我的共鳴之路，隔絕「不知道原因的生氣情緒」。

3. 不要勉強自己去做討厭的事

當人在被不公平地對待，或是遇到無理要求，就會出現生氣情緒。雖然覺得不公平不合理，卻因為不忍心拒絕而勉強去做，這時心裡的委屈和壓抑就會開始累積。委屈是一種混合著生氣與難過的情緒。因為對方不合理的要求而生氣，因為拒絕不了而難過，結果就會覺得委屈。難以拒絕的原因，是怕對方心情會受傷、或是怕雙方關係變差而無法開口說不。尤其是面對上司或父母等這些長輩，更難坦白說出心裡話。東方文化習慣把禮貌和尊重當成一種美德，也把拒絕視為小氣。可是，難道要為了不傷害別人、維持良好的人際關係，就強迫自己接受嗎？

有位來參加輔導課程的媽媽跟我說，她婆婆每次打電話給她，或是到家裡拜訪都會讓她有很大的壓力，不得已只好硬著頭皮練習拒絕。她知道婆婆是好意，想來看看孫子、照顧辛苦忙碌的兒子和媳婦，不過婆婆每隔兩三天就突然出現，真的讓她無法帶著笑容歡迎。我請她把自己的心情都直接寫在紙上。

• 媽媽，您突然過來的話，我有可能會不在家，請您來之前一定要先打個電話說一下。

• 媽媽，我現在正在餵奶，沒辦法到外面跟您打招呼，真的很抱歉。您帶來的食物再麻煩轉交給先生吧！

• 媽媽，我正在哄孩子睡覺，沒辦法接您的電話。通常超過晚上八點就不太方便接電話，請您八點前打來好嗎？

為了能在不傷害婆媳關係的前提下，同時守住自己的底線，我請她寫在紙上、練習跟著念，讓她能鼓起勇氣說出來，事先避免未來可能會出現的衝突。不要折磨自己，一直強迫自己去做做不到的事情。只要付出我們甘心樂意付出的部分就好。沒有任何人能要求我們犧牲，即使真的有人這麼要求，我們也握有拒絕的權力。付出我們所能做的就好，如果真的決定要付出，就帶著喜悅的心情付出吧！自己開開心心做出的選擇，與其把它叫做犧牲，不如稱它為「愛」更適合。

4. 整理內心

經常生氣的人，內心都充滿著恐懼、擔心、悲傷、絕望等負面情緒。如果我們內在的主要情緒是負面的，在被刺激時也就容易迸發出負面情緒。相反地，要是其中填滿的是幸福和美好的情緒，就算受到一般程度的刺激，也不會選擇用生氣來回應。

那我們該怎麼填滿美好的情緒呢？

正向心理學家索妮亞・柳波莫斯基（Sona Rubomirsky）說：「幸福有50％由基因決定，10％是由現在所處的狀況（婚姻生活滿意度、有沒有職業或宗教、經濟狀況或子女的狀況等等）決定，不過有40％是隨著我們的自發性行動而左右的。」基因和現狀難以改變，但我們可以改變自己的行為。而且這個行動會對我們的幸福有很龐大的影響。如果有意識地去實踐一些讓自己幸福的行動，正向的情緒就會越來越多，這樣內心也會變得清澈、明朗。不必刻意驅趕黑暗，一旦有光芒，夜幕自然就會消失。

在正向心理學中，幸福是由正向情緒、全心投入、人際關係、意義與目的，以及成就等五個關鍵要素構成。我們一起回答下列的問題，找出能帶領自己走向幸福的活動吧！

- 正向情緒：你做什麼的時候心情很好？
- 全心投入：什麼事情會讓你全心投入、忘了時間流逝？
- 人際關係：有哪個人讓你想花更多時間跟他相處？
- 意義與目的：什麼事情能讓你的生活變得更有價值？
- 成就：你想達成的成就、目標是什麼？

在這些回答當中，最吸引你的是什麼呢？試著在一天二十四小時中抽一段時間投資在那件事情上，然後把它放在第一位吧！像我起床後，最先做的就是「閱讀和書寫」。因為閱讀和書寫的時候能讓我全心全意投入、覺得一整天都變得有意義。但只要有幾天沒這樣做，我的想法就會變得散漫、找不到重心，也很容易煩躁。將任何好的行為培養成習慣都需要花一段時間。一開始先從小的目標嘗試吧！也記得要允許自己有嘗試錯誤的機會。

我不知道我自己在想什麼

用生氣日記觀察自己的心

內心會驅動你的身體、連結到行動，更進一步影響到你的人際關係和工作，甚至掌控你的生活。內心這麼重要，我們卻常常因為看不見而忘記它的重要性，也沒有去觀察自己的心情。據說人一天當中就會有六萬種想法，那我真正的心情又是什麼？

覺得自己總是在想法的泥沼中掙扎，很難明確了解自己的心嗎？那就把心情表達出來吧！試著用文字和言語來表達，真實的內心也會變得更明確。選擇用言語表達就需要傾聽的對象，時間和地點也會受到限制，所以在這裡先介紹怎麼用文字理解內心。

12月18日

・情況：早上8點餵孩子吃副食品，老公明明看到了，卻沒來幫忙又馬上睡回去。

・情緒：失落、失望。

・想法：希望可以一起分擔。就算只有一下子，也可以享受三個人共度的時光，可是他又躺回去睡，他根本就不關心我和孩子。

・期盼：希望我做事的時候老公能關心一下，就算只有上班前的一點時間也能讓一家人在一起。

12月21日

・情況：老公很晚才下班回家。

・情緒：覺得礙眼、很煩、心疼。

・想法：平常下班都已經很晚了，今天怎麼更晚？這麼晚到家，連看孩子的時間都沒了。

・期盼：希望至少孩子能在睡前看到爸爸一眼。要是老公能六、七點到家，家人相處的時間就更多了，他也能更早睡，就不會那麼累了吧？

秀美在接受個人輔導後開始寫生氣日記，上面就是她日記裡的一小部分。她會想來參加輔導課，是想讓自己不要再大吼大叫，也可以學會調節自己的生氣情緒。不過她說剛開始要寫生氣日記時很難動筆，因為原本目光一直看向先生和孩子，現在要轉回來觀察自己的心，這對她來說相當陌生，而且也不容易找到自己的真實情緒，更難的是還要寫出自己的期盼。

她坦白地說：「世界上有這麼多種情緒，可是我之前以為自己的情緒大概都差不多、很單純，所以一開始真的很難清楚又準確區分出我感受到的是什麼情緒。」但因為把它寫出來，所以她很快就能察覺到自己的情緒，也能比較輕鬆地將想法連結到自己的期待上。除此之外，秀美還發現了自己的情緒公式：「我總是對老公抱有期待，當這個期待沒有被滿足就會覺得失望、失落，最後呈現出來的就是生氣。」

她說：「我覺得自己其實一直希望被老公關心、想好好相處，也希望能有人來安慰我的孤單。」她回想起自己一開始總是想把發脾氣的理由怪在孩子和老公身上，而現在能找到自己的需求模式，她也覺得自己有驚人的進步。

出現了讓你生氣的刺激或已經在生氣的時候，人通常都有一套自己的應對方法，會對類似的事情生氣、會用類似的方法生氣。不過有趣的是，自己並不知道自己有這種模式。明明旁邊的人都已經看出來了，自己也不太知道，甚至還會大聲地說：「我哪有生氣？不要亂說！」每個人身邊都有一兩個這樣的朋友吧？雖然要持續做記錄並不容易，但是曾經寫過生氣日記大約三週的媽媽們都說：「多虧有了生氣日記，我才能找到自己的情緒模式！」

如果覺得自己心裡一團亂、很難照著書上示範的格式寫，還有其他方法可以參考。那就是照著思考流向書寫的「祕密生氣日記」，想到哪，手就自由地寫到哪。茱莉亞．卡麥隆（Julia Cameron）為了幫助藝術家們找回創意靈感，介紹了一項工具，叫做「晨間隨筆」（Morning Page）。當心裡像打結的毛線亂成一團、或是很難專注時，用這個方式下手是個很棒的方法。

第一步先翻開筆記，這是一本個人的私密筆記，不需要給別人看。再來，拿起筆握好，想到什麼就直接抄到筆記本上，寫錯字沒關係、不通順沒關係、寫到一半就寫不下去了也沒關係。想罵人就罵人、沒想法就寫「沒想法」、停筆了就寫「停筆了」，要是思考速度太快，手跟不上，就寫「想太快了」。

重要的是，不要用「批判者」的角度來評價自己的想法和情緒，而是把此刻自己內心裡發生的事原封不動地記錄到紙上就好。晨間隨筆要求你早上一睜開眼睛，就要馬上填滿三頁的紙，不過我們不是需要創意靈感的藝術人，所以寫多寫少沒關係，只要寫到心靜下來就行了。

祕密生氣日記是抒發自我情緒的下水道，有需要就痛快地清空自己的情緒，用完了再把它蓋起來。下次想到時，把上次隨手寫的拿出來讀一讀，就會發現：「原來我之前這麼辛苦。」、「原來我是因為這樣才生氣的啊！」這好比是有個常聽你說話的好朋友，你在他面前就能把所有心事都吐露出來，說完也就整理好了。其實每個人身上都有自我省察的力量，而且當我們跟自己建立更深刻的連結時，就更容易找到適合自己的實際解決方案。

在這個世界上，跟自己交談最多的就是自己。你有多了解自己的心呢？會跟自己聊些什麼？你有多願意傾聽那些對話並產生共鳴呢？對很難產生自我共鳴的人，生氣日記是個很有用的工具。想要達到自我共鳴，第一階段就是要自我陳述，因為要了解自己的心才能表達出來。越了解自己內在的對話並產生共鳴，我們心裡就離和平越接近。

對的就是對的，這也要吵我就會生氣

先檢視一下，那真的是「對的」？

我有個朋友是精神科醫生，記得他跟我提過他和太太發生的一個小故事。

有天他念國小的兒子發高燒，夫妻兩個人正在煩惱到底要不要送他上學，太太說要讓孩子請假休息一天，老公卻說還是要先送去上學。

「不能每次一有點不舒服就讓他不去學校，會養成壞習慣。」

太太也沒有妥協：「拜託你說這什麼話，生病了就是要多休息啊！身體這樣還硬撐，到時候又要提早回來。」

我的醫生朋友聽到太太一點也不讓步的回答，火氣整個都上來：「算了，隨你便！不聽醫生的話，你自己看著辦！」丟了這麼一句話就說要去上班了。

到底「生病了仍然要上學」還是「生病就要休息」？這場勢均力敵的對決，到這裡先告了一個段落。

我們心裡都有自己堅信的想法，覺得：「當然應該要……。」對於身為父母、身為女人、身為上班族、身為主管、身為媳婦、身為學生應該怎麼做，每個人都有自己的態度。不只是對人生的角色，就像前面提到的例子一樣，生病該怎麼辦，還有錢要怎麼花、話要怎麼說等等，大家對於每件事都各有各的信念。而世界上許多的矛盾，都是在這些根深蒂固的信念互相碰撞時產生的。

- 父母應該要包容一切 VS. 父母應該嚴厲地教導
- 女人應該要溫柔 VS. 不管男人女人，像自己就是最好的
- 工作要做到對得起薪水 VS. 就算對公司死心塌地也沒人知道
- 當主管就應該要會帶底下的人 VS. 主管就應該要有能力
- 錢應該要省著花（花在刀口上） VS. 錢該花的就要花
- 說話要小心謹慎 VS. 應該要直率地有什麼說什麼
- 過程很重要 VS. 結果才重要
- 先做自己想做的事 VS. 責任應該要擺在前面

當然，世界上不是只有立場明顯相反的兩種觀點，在這之間還存在著很多種不同的信念。如果問一百個人對「錢」的看法，絕對會出現一百種答案。

信念就像是一副眼鏡，戴上紅色眼鏡，世界就會看起來紅紅的，戴上藍色眼鏡，舉目所見就會是藍色的；同樣的道理，我們也都是透過一副名叫「信念」的眼鏡來判斷這個世界。而且時間一久、習慣了之後，它幾乎會內化成我們身體的一部分，少了它就覺得哪裡不舒服。

當相信要包容孩子的媽媽，遇到相信要嚴厲教小孩的爸爸，在與孩子互動的當下，自然會有摩擦。例如看到孩子跌倒的時候，媽媽會抱著他「呼呼、秀秀」，爸爸則會開罵：「就叫你要好好看路啊！怎麼這麼不小心？」

還有在買東西的時候，覺得錢應該要省著花的老公和覺得該買就要買的太太，連買個小東西可能也會開吵。老公大吼：「買這幹嘛？我們家根本用不到，何必買回去？你是怎麼回事，這麼愛亂花錢？你以為錢會自己從天上掉下來嗎？」然後太太就會不甘示弱地回擊：「想買個東西都不行嗎？我花我自己的錢，你意見那麼多幹嘛？小氣鬼！」

稍微喘口氣，我們來填一下空格，了解自己到底有哪些信念吧！想到什麼，直接寫下來就可以了。

媽媽應該要＿＿＿＿＿＿＿＿＿。

爸爸應該要＿＿＿＿＿＿＿＿＿。

父母應該要＿＿＿＿＿＿＿＿＿。

小孩應該要＿＿＿＿＿＿＿＿＿。

媳婦應該要＿＿＿＿＿＿＿＿＿。

公婆應該要＿＿＿＿＿＿＿＿＿。

家事應該要＿＿＿＿＿＿＿＿＿。

錢應該要＿＿＿＿＿＿＿＿＿。

信念不只會向外傳達，也會套用在我們自己身上。

有次我讓媽媽工作坊的人一起填寫一個問題：「我應該要＿＿＿＿。」一位工作人員辰瑄說：「我一開始想到的是『我應該要把每件事都做好』，好像從小我就有這種想法，一直覺得每件事都不能犯錯或是隨便處理。帶小孩的時候也一樣，我沒辦法接受自己有不懂的地方，所以只要我對孩子的成長過程有一點不了解，我甚至會去找論文研究。當我不清楚為什麼孩子這件事做不好的時候，我就會翻遍所有相關的書來看。」

一開始會戴眼鏡是因為有需要、是為了看得更清楚，信念也是一樣，人最初會接受某種信念，往往也都是為了維持生活而必須做的選擇。辰瑄的信念來自於父母常常掛在嘴邊的話，還有從父母眼神中不斷感受到的期待。為了滿足父母的期待、為了成為父母眼中的乖女兒，所以她接受了「每件事都要做好」的信念。到現在因為時間過了很久，已經變成她心裡的一部分，她甚至不知道自己正被這個信念束縛著。

舉例來說，如果在成長過程中遇到父母身體不好、或處在不能撒嬌的環境中，心裡覺得「我應該要變得堅強、再辛苦也不能哭」的這種想法就會慢慢紮根。要是沒有這樣的信念，也許他會埋怨父母、放棄自己。「不能哭」的信念會成為一種原動力和墊腳石，幫助我們撐過那段最困難的時期。

韓系石膏設計

第一本石膏創作全技法！
擴香石 × 托盤 × 燭台 × 花器，
30款簡單的美感生活小物

作者／楊語蕎　定價／499元　出版社／蘋果屋

韓國超人氣課程，不藏私公開！用石膏粉輕鬆模擬大理石、水磨石、奶油霜，做出30種時尚到復古的超質感設計！

毛茸茸的戳戳繡入門

紓壓療癒！從杯墊、迷你地毯到抱枕，
只要3種針法就能做出28款生活小物
（內附圖案紙型）

作者／權禮智　定價／520元　出版社／蘋果屋

第一本戳戳繡（Punch Needle Embroidery）技法入門書！神祕黑貓迷你地毯、軟綿綿雲朵鏡框、蝴蝶拼色杯墊……只需一支戳針、一球毛線，反覆戳刺就能完成好看又實用的家飾品。

法式繩結編織入門全圖解

用8種基礎繩結聯合原石、串珠，
設計出21款風格手環、戒指、項鍊、耳環
（附QR碼教學影片）

作者／金高恩　定價／550元　出版社／蘋果屋

韓國編織達人的繩結技巧大公開！全步驟定格拆解＋實作示範影片，以平結、斜捲結、輪結等8種基礎編法，做出風格各異、俐落百搭的項鍊、戒指、手環飾品。

【全圖解】初學者の鉤織入門BOOK

只要9種鉤針編織法就能完成
23款實用又可愛的生活小物（附QR code教學影片）

作者／金倫廷　定價／450元　出版社／蘋果屋

韓國各大企業、百貨、手作刊物競相邀約開課與合作，被稱為「鉤織老師們的老師」、人氣NO.1的露西老師，集結多年豐富教學經驗，以初學者角度設計的鉤織基礎書，讓你一邊學習編織技巧，一邊就做出可愛又實用的風格小物！

真正用得到！基礎縫紉書

手縫 × 機縫 × 刺繡一次學會
在家就能修改衣褲、製作托特包等風格小物

作者／羽田美香、加藤優香　定價／380元　出版社／蘋果屋

專為初學者設計，帶你從零開始熟習材料、打好基礎到精通活用！自己完成各式生活衣物縫補、手作出獨特布料小物。

不過如果情況改變，卻還是繼續保持這種信念會怎麼樣呢？需要幫助卻無法求助、傷心欲絕卻哭不出來，無法表達自己的情緒；或是聽到別人訴苦也很難產生共鳴，甚至覺得：「我再辛苦都撐過來了，你怎麼這麼軟弱？」

就像視力變得不一樣就需要換眼鏡一樣，情況變得不一樣也需要改變信念。當自己和其他人在想法上有嚴重摩擦，或是現實狀況一直不順心時，這些時間點就是一種訊號，提醒自己需要重新檢視內在信念了。

辰瑄覺察自己的信念後輕鬆了許多，她跟我說：「我意識到其實我一直在督促自己『要做好』，在那之後我就覺得舒服多了，也開始安慰並鼓勵自己『其實不需要做到那樣……』。」

回到一開始我那位精神科醫生朋友的故事吧！他在對太太大吼完之後就去上班了，看診的期間腦中還一直想著早上的事。這時對太太聽不進自己建議的那股憤怒已經沉澱下來，他也無法理解自己為什麼一定要堅持送孩子去上學。從醫生的角度來看，如果發燒、有感冒徵兆，應該要盡量在家休息，為什麼他還要執著於把生病的孩子送到學校呢？

他再仔細想想，就得到答案了：因為從小就從爸爸的口中聽慣了那句話。爸爸很重視誠實和忍耐，總是對他說：「就算身體不舒服、心裡覺得軟弱，該做的事還是要去做。」聽到他耳朵都長繭的地步。結果這個教誨內化到他心裡之後，他自己也說出了一模一樣的話。

我們也想想自己，再讀讀前面填空的那些句子吧！我們視為理所當然是「對的」的事，真的是對的嗎？為什麼我們會選擇這樣相信？相信的根據是從哪裡來的？那些持反對意見的人根據又是什麼？有的時候是不是他們的主張才是對的？

也許，這個世界上根本沒有理所當然對的事。就像古代人相信「地球是平的」，但現在已經知道這不是事實；還有以前普遍認為女人應該要順從男人的話，這點也在近三十年來一步步地被推翻。世界改變，想法也會跟著改變；你所堅持的信念，也有跟著變化嗎？

每次看到我媽的生活都快窒息了

她的生活是她的，你的生活是你的

恩熙是三個孩子的媽媽，最近她越看越覺得自己媽媽過得不好，心情也跟著變得沉重。有時候在家庭聚會上碰面，都會看到大男人主義的爸爸想怎樣就怎樣，媽媽在一旁配合得很辛苦，常讓恩熙默默地一肚子火。而且和娘家住得不遠，又沒辦法一直當成沒看到，於是就更常生氣。對於獨裁的爸爸，恩熙的心早就已經不在他身上了，每次看到媽媽過得那麼辛苦，都覺得難過得快瘋了。恩熙不斷被自己生氣的心折磨，所以在發火指導工作坊的課程結束之後，我把她留下來，陪她檢視這部分。

我把拜倫．凱蒂（Byron Katie）的「四個問句」，依據學生們的狀況做了一些調整，列出下列幾個問題：

- 最讓你生氣的對象是誰？

・你覺得對方應該要怎麼做？
・這個主張的根據是什麼？
・你有這個想法的時候，是怎麼說話和行動的？
・假如你放棄了這個主張，會有什麼好處？
・假如沒有了這個主張，你會覺得對方看起來怎麼樣？

跟恩熙對話完之後，我把我們的談話內容列成一個表格。

生氣的對象	自己的媽媽
我認為的主張	媽媽應該要過得更自由自在。
這個主張的根據在於	媽媽總是卑躬屈膝，這樣生活太辛苦了。
這主張影響我	我會對媽媽嘮叨，每次看到媽媽就想嘆氣。
假如放棄這個主張1	我心裡會更輕鬆，跟媽媽相處的時光也會更有趣一點。
假如沒有這個主張2	我一直不懂，明明很苦，為什麼她還要那樣生活？做了這個假設之下，我第一次覺得：「媽媽不離婚，可能也有很多優點吧？」

恩熙從小就不喜歡爸爸，常跟媽媽說：「別管我們這些小孩，你離婚吧！」在自己結婚、生小孩後，恩熙親身體驗到「媽媽的生活」有多麼艱辛，所以她更強烈地建議媽媽：「不用擔心養老問題，快離婚吧！」以前她每次看到媽媽都覺得又鬱悶又難過，但這次對話後，她第一次好奇：「媽媽為什麼想選擇那種生活？」也是生平第一次思考：「媽媽真正想要的是什麼？」

媽媽的人生應該由誰選擇？就算夫妻關係不穩定、有負擔，就算失去自我也願意跟讓人操心的先生一起生活的，是媽媽自己。這不是我們可以改變的事，也不是我們能強迫的事；因為媽媽有權選擇自己的生活，而且她也一定有她自己的理由。你可以建議別人改變，但別人有權力選擇要不要接受。

我們總喜歡指手畫腳地插手管別人的閒事。有時候我們不僅照著我們的想法隨意判斷或評論別人的生活，甚至會用我們自己的標準來稱讚或譴責別人。不只是對媽媽，我們也常對孩子的選擇、先生的選擇、朋友的選擇說長道短，硬是要給建議、干涉別人的決定。而且，當建議不被採納的時候，我們通常會生氣，面對自己越珍惜的人就越是這樣，從一開始就想強求對方。所以才說，認為「我是對的」這種想法很危險，因為也有可能是對方對、我們錯。

接下來的步驟是換成句子表達，下面我們換一下不同的角度來陳述「媽媽要更自由」這句話：

改變主詞	我要更自由。↓把焦點從對方轉到自己身上。
改變主詞、受詞	我要從媽媽的問題中自由。↓先檢視自己過得好不好。
改變動詞	媽媽不用更自由。↓對於相反的主張，我能包容到哪裡？

越常反覆要求別人「你應該……」，語氣越強、建議不被接受時越生氣，那件事就越有可能是我們「自己的價值觀」。因為重視誠信，所以討厭不誠實的人；因為喜歡挑戰，所以會指責追求穩定的人太「安逸怠惰」；因為強調禮貌，所以對無拘無束的人印象就很差。那對我們來說是很重要的價值觀，於是我們也會不斷地拿著這點勸誡別人。但如果它超越了「價值」，變成了一種「強迫症」，就會讓我們對價值觀不同的人帶有防備心、甚至譴責他們。會衍

生出這些問題，都是因為我們誤以為自己覺得重要的那些價值觀是所謂的「正確答案」。

價值是個人偏好、是一種選擇，並不是正確答案。可能對我而言家人很重要，但是對對方來說重要的是成就。每個人都有自己的價值，我的價值不比他的優越，而且每個人也都理所當然地可以依照他所擁有的價值去選擇。

很多父母常對孩子們說：「我都是為了你好。」

- 是為你好才叫你要吃青菜，你知道為了讓你吃到菜我煮得多辛苦嗎？
- 你這麼小心翼翼怎麼交得到朋友？欸，試著再抬頭挺胸一點吧！
- 叫你念書難道是為了我好嗎？都是為了讓你未來能過得更好啊！
- 你不想考上大學嗎？不是吧？你這次考試一定要進步啊！聽到沒？
- 不要說那麼多廢話，反正到上大學前都給我拚命念書就對了！想做什麼等你上了大學再說！以後你會感激我的。

說是「為了你好」，卻沒有看到「你」真正的價值；「你」明明就不喜歡，卻還是說要「聽我的話」……如果這些所謂「為了你好」的建議都是對的，那現在全國的孩子應該都非常幸福才對。不過我們可以發現現實並非如此，每每看到青少年的幸福指數低迷，憂鬱症比例、還有自殺率居高不下，都讓我們心痛又茫然。

明明所有父母對孩子說出來的話、做出來的行為都是出於「愛」，那為什麼我們的孩子還是不幸福？父母想把愛給孩子，為什麼到了孩子身上他們卻覺得那不是愛，是嘮叨、是干涉、是強迫？這可能是因為父母總是說「都是為了你好」，然後對「孩子的選擇權」視而不見吧？就算孩子不懂人情世故、缺乏知識和經驗、對未來的預測能力很弱，他們也還是可以思考他們自己想要選擇的是什麼，但父母們是不是都輕忽了這一點？還有我們是不是也忘了，當孩子自己做出選擇時，他們也能對那個結果負責呢？

輔導課程接近尾聲的時候，恩熙決定不再執著於「媽媽的自由」，而是為了「自己的自由」努力。她說她自己結束了灰暗的青少年時期後，等到參加了大學的「音樂社團」才找到了自我，現在她才知道，其實最渴望能獲得自由的是她自己。在帶孩子的同時，她也去學了烏克麗麗，跟其他媽媽們一起上台演出，還夢想著有天能自己作詞作曲。現在的恩熙決定解放自己、讓心自由，也決定不再因為惋惜或鬱悶而強迫媽媽做出什麼決定，而是帶著愛和包容，提供媽媽一些建議。

面對無法改變的事情，帶著願意接受的謙虛；面對可以變得不一樣的事情，懷抱去改變的勇氣；與此同時，也擁有分辨這兩者的智慧。我想，這正是我們所有人都需要的。

老公越看越討厭，吵架也解決不了問題

別只要求對方而忘了他存在的價值

有次我想找吹風機吹乾頭髮，發現電線纏成一團。因為纏得太緊，根本沒辦法直接拉開來吹，所以我一邊碎念一邊拆那團電線：「為什麼纏得這麼緊！」幾天後我打掃家裡時，看到吹風機的電線在地上散成一片，我又邊念邊收那條電線：「為什麼就這樣把電線散散地丟著！」

當然，我生氣的對象就是我老公，因為他是除了我以外，唯一會用到吹風機的兇手。他放著打結的電線不拆我覺得煩，拆了之後直接放地上我也覺得煩，我自己都感覺到我對老公行為的不滿有多麼矛盾。

這件事還只是冰山一角而已，孩子出生後，我跟我老公之間總是會發生一些意外又讓人措手不及的摩擦。雖然很想讓老公幫我帶小孩、做家事，也想找時間多聊聊，但他總是很累。我們本來很有話聊、默契也很好，後來卻變得很有距離。我對他的不滿越積越多，如果週末孩子想找爸爸陪，他卻只是一直盯著手機、或是因為太累一直睡，我看到就會特別受不了。

然後我心裡就會冒出各種想法：

・你整個禮拜都沒見到孩子，就不想多看看他嗎？我還以為我們是家人，原來不是嘛！
・應該做好榜樣給孩子看啊！怎麼就一直盯著手機啊？真不像話。
・體力為什麼那麼差？都已經睡那麼多了，應該要起床了吧？也太弱了！
・週末放假應該要分擔我的工作，讓我休息一下吧？你真是太自私了。
・該怎麼幫孩子洗澡是要講幾遍才聽得懂？該不是故意的吧？
・根本就對家人漠不關心嘛！一點都不愛我們。

我腦中一直有這樣的想法，漸漸地，老公在我心中成了一個「有缺失的人」。我開始覺得他問題很多、而且沒有想改的意思，對該做的事不負責任、把那些拋在腦後。相反地，我把自己當成一個「做事很正確的人」，會立刻按部就班地做好自己份內的事。而我卻因為那個不負責任又自私的人受到損失，只有他改變了，我們一家人才會變得幸福。我越是這樣想，越是覺得他都沒有改變，也不想改變，於是我就陷入更深的生氣漩渦。

有天我突然有點疑惑，於是當起自己的指導老師，問自己：「我們明明因為相愛而生下孩子，為什麼關係會變成這樣呢？」

・我沒有被滿足的期待是什麼？

・所以我的心情如何？

原來我自己期待可以得到他的關心和幫助，希望他用充滿愛意的眼神聽我跟他分享跟孩子有關的種種、做事時的困擾和開心，也非常迫切地希望他能在我一個人帶小孩、做家事時幫我。期待他就算下班後有點累，至少幫孩子洗個澡也好，或是把晾衣架上的衣服收一收；最重要的是，當我覺得疲憊、很煩的時候，多想聽到他說：「親愛的，你辛苦了。你為我們家付出的辛勞，我都知道，一直很想謝謝你。」不過，我期待落空遠比被滿足的時候多得多了，每當這種時候，我就會一次次地失望、覺得被冷落了。

當我開始釐清自己的期待和情緒，突然想起孩子出生前的情景。那時老公是個很溫暖的人，無論我說什麼，甚至我發牢騷或生氣，他都會抱著我說：「嗯，有時候就是會這樣呀！」當我靠在他的懷裡，內心就變得很溫暖，也能找回前進的動力。我們之間的關係，我是活潑的那個、先生則會無限包容我，我過去非常喜歡他的懷抱，即使有了孩子、再忙再累，我還是一直希望他能成為我「可以依靠的懷抱」。不過，我這份期待很快就變成了強迫。

其實看待人的角度有兩種：「對象」和「存在」，把對方當成「對象」就是覺得對方「應該要滿足我的標準」。這時我們就會用自己的標準和判斷限制對方應該要扮演的角色或發揮的功能，只看到那個人的一部分。相反地，如果用存在的角度來看，就能看到對方的情緒、需求、可能性，和他的界限。即使他沒有帶給我任何好處，甚至讓我們有損失都不影響我們的看法，會尊重對方那個人本身的「存在」。

以我為例，我就是把老公當成了「對象」，我突然感到抱歉。他也有他辛苦的時候，我忽然發現：「原來我都沒有抱過老公，只是一直追問他為什麼不努力啊！」接著，我開始好奇：他在公司過得怎麼樣？回家看到我和孩子心情好不好？最近身體健不健康？在外面有沒有好好吃飯？最近工作壓力是不是很大？生孩子之後我們的生活有了巨大變化，他感覺怎麼樣？

稍微回想一下就能發現，他也和我一樣，努力適應著生活的變化。家裡剩下他一個人賺錢之後，養家的壓力就更重了，需要花更多精力處理公司的事情，在家裡也要幫忙做家事、沒辦法休息。雖然已經盡自己所能地付出，不過從太太那裡聽到的不是「謝謝」、「辛苦了」，反而是不斷地嘮叨：「你為什麼只做到這樣！」別說要參加朋友聚會了，連去公司聚餐也要看太太臉色，週末放假看一下手機也會被念，根本沒辦法安心休息。

當我用他的角度觀察他的所有生活之後，真的很心疼。他跟我一樣竭盡了全力想讓全家人更幸福、跟我一樣一步步學著怎麼帶孩子，也跟我一樣經歷了混亂、悲傷、孤獨，跟我一樣需要有人可以依靠、需要休息。

於是我看到了曾經被我遺忘、屬於老公他的人生。沒有父母的幫助，他隻身到首爾市工作，組織家庭、盡全力守護自己的工作和家庭；他的父母愛他、信任他，將他視為珍寶，而他也是個溫暖、很有同理心的人。這樣的一個人，因為希望工作和家庭能兩全其美而漸漸消瘦、沒有人可以仰賴，想到這裡，我也好想成為能讓他依靠的懷抱。

我們總是會從這兩種觀點中選擇一種，不管是面對孩子、先生、父母、朋友、公司同事、飯店或超市的工作人員，我們都會選出其中一種角度看待對方。有些人會一直用「對象」的角度看別人，有些人會一直用「存在」的角度看別人，不過我們通常都會在這兩個立場上來來回回。比如很多媽媽都說「二寶才是真愛」，意思是說不管喜不喜歡孩子做出來的舉動，都會覺得他看起來很可愛；另一方面也是說，媽媽們不管再怎麼努力想理解大寶，也不知道孩子到底在想什麼。因為是第一個孩子，所以會有很多期待、付出很多努力，希望付出多少就有多少成效，不過結果往往都是失望居多。

知道有這兩種觀點之後，你可能也會心想：「那我們什麼時候會把別人當對象呢？又是什麼樣的人常常會被別人當成對象呢？在這裡藏著一個祕密：當我們把自己「對象化」時，也就容易把別人「對象化」。當我們只強調自己身上特定角色的責任時；當我們只是一直鞭策自己要達標，一旦沒有達到就在自己身上烙上「你不夠好」的印記時；當我們無法了解自己的情緒和需求，也不尊重自己時；當我們忽視自己的努力和辛勞，只用結果來評價自己時……，我們就會跟自己本身的存在斷絕，把自己當成對象，也把其他人對象化。

把自己看成對象就會一直看自己不順眼，有種壓力認為自己一定要做到這個角色被期待的事，卻覺得自己什麼都做不好、以後也不會有什麼成就而感到不安。別人都綻放著屬於自己的青春，只有我可憐巴巴地落在後面，好像要更快、更努力才能趕上別人，心裡非常焦急。

不過如果是把自己看作是「存在」，就會覺得放心，會認定自己付出的努力，拍拍自己的肩膀說聲辛苦了，激勵自己以後一定會更好的。看著鏡子時也會堅定地對自己說：「在我身上的種子，時機一到就會長成巨木！」這時我們就會覺得放鬆、投入，然後在短時間內做到更多的事。

我們每個人都很珍貴，每個人都有活下去的原因、都對這世界有貢獻。大家都有更幸福的權利和資格，所有人也都正竭盡全力地生活著，誰也不能把別人當成自己需要的工具。不用談論到每個人扮演的角色、能力、財富、權力、性別這些附加的東西，我們存在的本身就很有價值。

別把自己侷限在媽媽這個角色上、不該讓這個角色埋沒了我們的存在，也別壓抑自己，把自己塞進媽媽角色的框架裡。媽媽們越是強烈地認為：「當媽媽的就應該……」就越容易覺得不幸。只是現在這階段，媽媽的角色占很大一部分罷了，並不能取代我們整個人的存在。存在比角色更重要。

我們都需要可以完全地做自己的時間，那麼在一天中為了我們自己的存在挪出一個小時怎麼樣？讓我們好好做自己，並聽聽自己存在的聲音。做一些讓自己開心的事吧！像少女時期一樣跟閨蜜閒聊、買喜歡的花回來擺、精心地化好妝、整理頭髮、泡在溫暖的浴缸裡來杯紅酒、追美劇、趴在床上看漫畫、開始一項自己有興趣的休閒活動、把自己最愛的音樂大聲放出來跟著唱、重新找回自己失去的那些經歷等等。

要為自己珍惜自己，「感受到自己存在的滿足感」就能澈底融化我們心中的怒火。

第5章

生氣時就這麼做！正確發火實戰演練

講了五六次也講不聽，讓我好爆炸

具體地要求孩子採取行動

教練好，我是一對兄妹的媽媽，男孩子六歲，女孩子一歲。生了孩子之後，我就下定決心不管發生什麼事，都絕對不要體罰孩子，到目前為止還沒有拿棍子打過小孩。不過有時候我會心想：其實我也只是沒有拿棍子而已，我大吼大叫、對孩子發火，其實跟體罰也沒有什麼區別，是不是反而還更糟？因為這樣，我常覺得我很對不起孩子，也變得很容易憂鬱；但就算覺得抱歉也只是暫時的，在那之後我還是會一直生氣。不過，我並不是一開始就發脾氣，而是會照著書上講的，先跟孩子用講的，有時會講到五次。

比如說要一起出門了，可是小孩都不做準備還磨磨蹭蹭的時候，我就會這樣跟他說：「〇〇啊，媽媽幫你把衣服拿出來了，趕快穿上吧！」「〇〇啊，等時針走到六我們就要出門囉！不然我們兩個人都會遲到，現在就把衣服穿起來、準備一下吧！」「〇〇自己會準備的話，媽媽就會很開心又輕鬆喔！」可是就算我說了那麼多遍，孩子還是一直不聽話、想幹嘛就幹嘛，然後我的聲音就會跟著越來越大，有的時候就會對孩子發脾氣、一發不可收拾。而且我在生氣的那瞬間，腦海中也會一直想著：「我這樣不行，快停下來！」但還是會停不下來。

我自己小時候對於父母的管教（他們會摻雜情緒對小孩子發脾氣或是體罰）有很多不好的回憶，所以我很努力想把孩子培養得更好，可是真的好難。

在講到第五、六次之前，我還可以對自己說：「因為孩子還小聽不懂，所以會這樣很正常。」然後好聲好氣地跟他說話，但是只要一過了某個時間點，我就會忍不住想發脾氣。我今天也對孩子發了火，結果孩子跟我說：「媽媽不要生氣，我想聽媽媽用溫柔的聲音跟我說話。」我只好跟他說：「我用溫柔的聲音跟你說很多次了，可是〇〇你不聽話，媽媽才會生氣。」我到底該怎麼辦？拜託教練幫幫我吧！——J媽

很多媽媽都希望自己對孩子的管教法，不要跟自己的爸爸媽媽一樣，而是當個溫暖的媽媽，讓孩子不受傷害，成為一個懂得尊重自己、愛自己的人。因

為我們知道從父母那裡受到的傷害有多痛，也比其他人更清楚了解自重、自愛對於人生和人際關係來說有多麼重要。

看到J媽寄給我的信，我第一個想到的就是你在這段期間中付出了多少努力呢？不只是我在網路上連載的發火指導文章，想必你一定也讀過很多的育兒書籍，拚命地把學到的一切實踐出來，不只努力忍耐讓自己不要生氣，也為了能讓孩子的身體和情緒，都能擁有正確的成長環境而孤軍奮戰很長一段時間。

你自己就是在父母情緒性的體罰中長大的，再加上你不只帶一個孩子，而是一次要帶兩個，但是在過去的六年裡卻從來沒有打過小孩，甚至連小孩不聽話的時候，你還能溫柔地重複跟孩子說五到六次，其實你早就已經擁有「溫柔說話的能力」了。

我很好奇J媽在成長過程中，從父母那裡聽過多少「溫柔的話」。可以肯定的是，你絕對是比你父母親更溫柔的媽媽。雖然沒有看著學習的對象，卻做到這種程度，這是多麼了不起的一件事啊！你身邊幾乎沒有可以效法的人，頂多只能從書本或講座中間接看到、聽到一些分享而已，你學會了自己沒有經歷過的部分、改變語氣，也培養出情緒的調節能力，這是多麼大的改變呢？你做到了！你做到了這些巨大的改變，我最想對J媽說的是：「您真的辛苦了。」

J媽一定非常愛孩子，希望能讓他們的童年擁有幸福的回憶，為了讓孩子過得幸福，願意嘗試所有的努力。你的心情真的很美，也因為這份心意，才讓你有辦法做到這種程度，也讓你具備能溫柔重複對孩子說五次的能力。看看我們身邊的人，有人好聲好氣說個兩三次就會發脾氣，也有人一開口就對孩子發火。J媽已經做到平均能對孩子理性地講五遍的程度了。不要因為希望變得比現在更好，就小看自己到目前為止付出的努力和得到的成果。J媽已經成長很多，不過因為你希望能繼續成長，所以我提出幾點建議。

意志力是種很有限的資源，雖然每個人能展現出來的意志力強度都不同，但無論是誰，如果只是一直使用，最後都會枯竭。目前J媽所擁有的意志力，在等了五次之後就會告罄。除了J媽之外，還有多少父母能不生氣地對孩子說五六次同樣的話呢？所以現在該學的是如何說話的方法，做到不用講超過五次就能改變孩子的行動。接著就來介紹「能改變孩子當下行動的說話方法」。

用孩子拖拖拉拉的行為來當例子好了。當你判斷：「孩子在拖拖拉拉」的時候，你就已經開始覺得「孩子在反抗我」了。一發不可收拾的怒火，起因都是這些細微的情緒。這時如果不能立即採取行動，引導並改變孩子當下的行為，就等於是注定了待會一定會生氣。下面列出示範例子，試著把J媽原本的話換成能引導孩子改變當下行動的內容。

①「媽媽幫你把衣服拿出來了，趕快穿上吧！」

・少講了「什麼時候」。要告訴孩子可以用的時間到什麼時候、什麼時候一定要做，孩子才能理解事情的急迫性。

・範例：「我們十分鐘內就要出門囉！你現在要馬上穿衣服才可以喔！」

②「等時針走到六我們就要出門囉！不然我們兩個人都會遲到，現在就把衣服穿起來、準備一下吧！」

・你用小朋友可以理解的方法描述時間，真的做得很棒！提到「現在」這個詞也做得很好。只是如果孩子沒有停下他原本正在做的事抬頭看時鐘，或是孩子感受不到還剩下多少時間的話，就會無濟於事。六歲的小孩對於十分鐘跟六十分鐘的長短還沒什麼概念，所以必須要求孩子看時鐘，再用小朋友的話說明剩下的時間給他聽。

另外，在結尾的時候用問句詢問孩子會更有效，孩子被問到問題，自然就會回答答案，而回答的意思就是他接收到了這個問題，然後經過「思考」再作答。因為是孩子自己想過再回答的，所以他也會對這件事有「責任感」。

・範例：「○○啊，看一下時鐘喔！等時針走到了六我們就要出門囉！所以我們還有十分鐘的時間。十分鐘大概是你看一集《小巴士》的時間，你十分鐘內要把衣服穿好，可以做得到嗎？」

③「○○自己會準備的話，媽媽就會很開心又輕鬆喔！」

・培養孩子懂得準備和自主性至關重要，不過要養成自動自發的習慣要花很長一段時間，也需要重複且一致的教導。父母情緒不穩定的話就很難有耐性指導小孩；只有當父母心情舒適、遊刃有餘時才有辦法耐著性子。

另外，緊急地要孩子做好出門的準備，這個目標太大，就算覺得要讓孩子自主做出選擇並負責，當下也需要父母給出帶有領導力的「指示和命令」。如果情況比較急，媽媽要求孩子做的動作就必須清晰、簡單。例如：「我數到三，你要把褲子穿好喔！」、「五分鐘內要把衣服和鞋子都穿上。」等等。

如果J媽覺得「再緊急也要讓孩子主動去做該做的事」這點很重要的話，那就給孩子兩個左右的選擇，這也是很好的辦法。「你要先穿褲子，還是想先穿上衣？」這樣孩子就能在這兩種當中選出一種。

要是出門的時間迫在眉睫，也可以問孩子：「你想自己穿，還是讓媽媽幫你穿？」通常小孩都會說要自己穿，不過即使他選擇了第二個也無妨，因為那是他自己做的選擇，所以還是可以保護到孩子自己決定的權力。

如果是類似下面這種情況，不用強迫孩子就能快速改變孩子的行為。

・○○啊，看看時鐘，我們等短短的那支針指到五就出門，還剩下二十分鐘。二十分鐘的時間大概可以看兩集《小巴士》，你在二十分鐘內可以自己穿好衣服嗎？

・只剩十分鐘了，你還沒穿好衣服耶！現在先把玩具放回去，來穿衣服！

・媽媽已經跟你說兩次了，可是你還在玩耶！媽媽心裡好急喔！我數到三你就去穿衣服吧！一、二、三。

・現在真的沒時間了，你想自己穿，還是讓媽媽幫你穿？

如果覺得上面這些話對孩子來說太長，就再把它縮短一點。

・○○啊，我們二十分鐘之後要出門囉！去穿衣服吧！

・只剩十分鐘而已，請你把玩具放回去。

・你還沒穿好衣服耶！我數到三喔，一、二、三！

・最後一次機會囉！現在不穿的話媽媽幫你穿。

這些方法中有哪些讓你有嶄新的體會呢？看著J媽一直到現在的變化，我相信你一定可以找到最適合你跟孩子們的相處方式，成為一個有影響力的媽媽，督促孩子行為改變，我也會為你加油的！

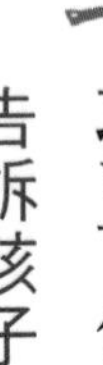
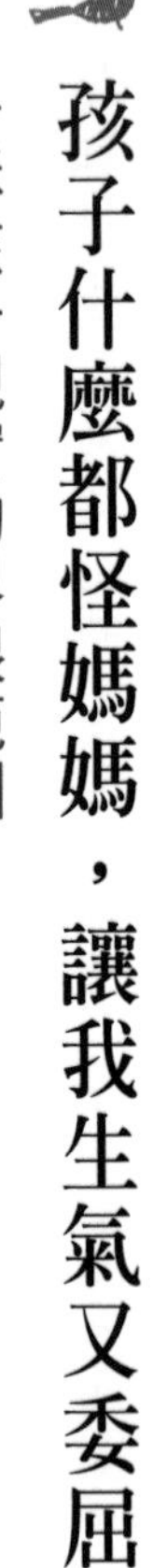

孩子什麼都怪媽媽，讓我生氣又委屈

告訴孩子現實的界限範圍

一直到去年我都還是個職場媽媽，大寶比較敏感、常常會覺得不耐煩，之前我因為工作太忙不能一直陪在他身邊，覺得很對不起他，所以不管他做什麼我都會包容、接受，他想要的也都會給他。那時候我以為我這麼做就是愛的教育、就是愛孩子，結果不知道是不是因此產生了副作用，後來孩子所有脾氣都會對著我發洩。甚至連我根本就沒辦法做到的事都怪在我頭上、衝我發脾氣。比如他今天想讓骰子一直出現六點，只要一丟出其他不是六的數字，他就會就對我生氣。

生了第二個孩子之後，我就在家當全職媽媽，跟孩子在一起相處的時間也變長了。不過大寶都會因為一些小事情找我發脾氣，我也常因為這樣非常生氣，現在只要孩子稍微對我表現出不耐煩的樣子，我就會比以前更生氣地對他吼：「媽媽不是你發洩的對象！」吼完之後又覺得後悔。

我想請問教練，如果像我的小孩這樣，連我沒辦法幫他做的事情都怪在我頭上的話，應該要怎麼教？——K媽

你好，K媽。我看到你在信上說的煩惱了。你在當職場媽媽的時候接受包容了小孩的一切，等到回家當全職媽媽之後，和孩子相處的時間拉長，再加上小孩的過度敏感、彆扭和不耐煩一天比一天嚴重，可以想像這有多麼讓人鬱悶又生氣，我完全能理解那種心情。

你寄過來的信我讀了幾十遍，從字裡行間可以想像出這樣的畫面：孩子整天在家找不到媽媽，K媽對孩子感到愧疚，於是上班途中心裡在滴淚，一邊擔心孩子在家裡好不好、一邊拚了命地想把工作趕完按時下班。下班回家之後為了討好想念媽媽的孩子，就算再疲憊也還是撐著把一切最好的都給孩子。有了第二個孩子之後，又怕大寶嫉妒弟弟、心裡難過，所以努力想把更多愛給大寶。雖然K媽已經因為帶兩個孩子，身心都累到快要崩潰了，但除此之外還要繼續努力包容接納敏感的大寶，這樣的生活循環不知道什麼時候才會結束，不禁讓K媽感到絕望。

該怎麼辦呢？你是不是非常苦惱？是不是已經努力嘗試用過各種方法？長時間面對這種狀況，你是不是疲憊不堪？

另一方面我也猜大寶是不是這樣想：「我好喜歡媽媽溫暖的懷抱，只要跟媽媽在一起就會覺得很舒服。雖然有很多事情沒辦法符合我這麼高的標準，不過只要跟媽媽一起，這些就都不是問題了，因為我在媽媽身邊就覺得很滿足。可是每次我一睜開眼睛，媽媽就不見了，要等很久、很久才會再出現，真的好奇怪。好喜歡和媽媽在一起的時間，但媽媽每次都好快就又不見了。

最近發現，我最愛的媽媽、以前都要等很久才會出現的媽媽，現在都不會消失了。可是有個「小不點」不知道從哪裡突然冒出來，媽媽整天都把他抱在懷裡。我沒辦法理解為什麼會這樣，我討厭那個霸占媽媽的小孩，不過我要是把那個小孩推開，就會被媽媽狠狠地教訓一頓。雖然時間很短，但我還是覺得之前可以獨占媽媽的那個時候好像比較開心。」

看完我對大寶的猜測，K媽覺得怎麼樣呢？大寶的心情是不是跟上面說的差不多？K媽可以試著回答看看，最近大寶心裡應該有類似這樣的心理活動。

我可以理解一直都用愛來養育孩子的K媽，為什麼沒辦法先認同孩子，而是會先覺得煩躁，讓K媽不得不跟著生氣。就拿骰子的事情來當例子好了，當孩子堅持一定要有「點數六」的時候，K媽就會覺得有種無力感（這件事我辦不到）和煩躁感（孩子又在鬧脾氣了）。

而這些情緒會進一步發展成怒火。你是不是曾經想過：「你這個孩子為什麼老是讓我覺得煩？」、「我一直包容你，你就以為媽媽好欺負了是不是？」這些想法不是事實，但如果我們把這些想法當成事實來相信的話，就沒辦法心平氣和地跟對方說話了。

K媽的「生氣情緒」其實也來自於期待和需求。你希望孩子不要那樣說、或那樣做，那麼K媽你希望孩子怎麼說、怎麼做呢？

拿丟骰子這件事說好了，你是不是希望大寶不要哭鬧，而是好好說「媽媽，我丟不出六點耶！」呢？這樣就可以推測你希望跟孩子好好「溝通」、得到孩子的「尊重」。或者你希望大寶不要一直纏著媽媽，可以自己一個人玩？那K媽你想要的就是「自己的時間」和「休息」等等。因為媽媽也是人，所以當自己想要的需求沒辦法被滿足的時候，就會覺得生氣、煩躁。因此我們每時每刻都必須觀察自己內在的需求才行，當我們與自己的需求「連結」起來的時候，也才能描述並滿足這些需求。

再怎麼樣對孩子的需求有同理心，也沒辦法無限地付出。如果我們的意志力和精力的狀態還不錯，當然可以為孩子付出，讓他平靜下來；但如果我們的精力都已經見底了，怎麼可能還有辦法繼續對孩子的需求產生同理心呢？所以「同理心」這件事，媽媽也要量力而為。

有趣的是，人並不是生氣就一定會發脾氣，K媽應該也是這樣。就算再怎麼生氣，也不可能對著主管發脾氣；即使我們心裡氣到小宇宙快爆炸了，也不會對婆婆「暴怒」。其實我們發脾氣也是會看對象的。

那麼我們會對誰發脾氣呢？就是讓我們覺得舒服、放心的人，還有我們所愛的人。如果知道彼此之間有愛和關心，相信就算我今天發脾氣，他也不會拋棄我，當我們面對這樣的人時就會積極地表達出心裡的怒火，有時候也可能會把從別的地方受到的氣發洩在那個人身上。目前K媽和大寶就是讓彼此覺得放心、舒服又心愛的對象。

對於大寶來說，K媽是他最信任的對象。因為是自己的媽媽，還曾經待在她肚子裡十個月，而且來到這個世界之後，餵我喝奶、哄我睡覺的也是媽媽。「媽媽」的存在對於孩子來說，已經超越了生命的聯繫，所以孩子會覺得媽媽高大、懂得多、力氣大，還能照顧好我的需求，是一個「無所不能的女超人」。再加上K媽用心包容孩子的一切，也滿足了孩子所有瑣碎的要求，所以對孩子來說，K媽就是「最了解我、最讓我舒服放心的人」。可能在孩子眼中，K媽就是一個可以讓骰子連續出現六點的人。想到這裡，就可以知道為什麼大寶總是把「瑣碎的事」都交給媽媽解決。因為一直以來都是媽媽幫忙解決的，而且孩子也覺得媽媽做得到。

不過，也不能只是連續一直接受。因為需要讓大寶培養情緒的調節能力，而且我想K媽的精力也應該已經到了極限。從現在開始，K媽必須練習怎麼幫孩子的行為畫下界線，因為畢竟K媽並不是真的有永遠用不完的精力。

簡單地做一下總結，人會生氣的原因就是「需求沒有被滿足」。我們從骰子事件中來觀察一下大寶生氣的原因吧！小孩子覺得事情沒有照自己的期待發展（骰子連續出現六點）就會生氣。雖然大人很明顯地知道那件事不可能做到，不過小孩子還沒有那樣的知識。因為不知道，所以會一直期待，當期待屢屢受挫時，怒火和不耐煩就會像火山一樣噴發出來。這時，孩子需要的是「認清現實」以及另一種「替代方案」。

孩子滿一歲開始，就需要教他調節情緒。小朋友一歲開始會走路，可以照自由意志去做的事也越來越多。這時要幫助孩子學會什麼不該做，像是：再開心也不能衝到馬路上、玩具被搶走也不能打人、很想一直玩也不可以太晚睡、就算不喜歡吃飯，但每到吃飯時間還是要乖乖坐在位子上吃東西、生氣也不能大吼大叫或亂摔東西，做出暴力的行為等等。

為了培養大寶的情緒調節能力，我建議重點可以放在下列的兩個部分：

1. 認清現實

孩子想要的，我們沒辦法都給予，也不能全部接受。的確要尊重孩子的情緒和需求，不過想培養出懂得自重、自愛的孩子，不是他想要什麼就滿足他什麼，而是要讓他了解什麼事情可以做、什麼事情不可以做。有些事情就算孩子鬧脾氣鬧得再兇也改變不了，這些部分需要很明確地讓他知道。

- 那件事媽媽沒辦法幫你做到。
- 原來我們家〇〇想要△△啊！如果媽媽可以做到就好了，可是媽媽做不到，該怎麼辦呢？
- 那個玩具好棒喔！我知道你一定很想要，可是今天不能幫你買。
- 媽媽不是魔法師，沒辦法把〇〇想要的都給你。
- 因為你一直發脾氣，所以媽媽現在心情也變得不太好。
- 你想跟媽媽一起待在家裡嗎？可是你不去幼稚園的話，媽媽就沒辦法做家事了，而且〇〇也沒辦法見到朋友喔！

2. 提出替代方案

對孩子執著堅持的部分，告訴他其他替代的方案，也要跟他說如果他繼續耍賴、硬拗的話，大人會怎麼做。

- 如果你覺得骰子不好玩的話，就玩點別的吧！你覺得拼圖怎麼樣？
- 今天一定要去幼稚園喔！不過這個禮拜五可以早點回家，媽媽吃完午飯就去接你。
- 就算你覺得很煩也不可以丟玩具。有什麼難過的事就跟媽媽說。
- 你剛剛要求媽媽的時候很沒有禮貌，媽媽現在心情變得很不好。媽媽也不想生〇〇的氣，等我心情好一點的時候再跟你說。

不管選擇了什麼樣的路，都是第一次走，有時嘗試錯誤在所難免。不要只看到自己對孩子做錯的部分，也請看看自己在這段時間付出的努力和辛勞吧！然後，訂下一件自己想改變的部分，試著實踐看看吧！小小的行動也會帶來非常龐大的變化，未來你一定會成為「更棒的父母」，我由衷為你加油。

爲什麼我都只想對二寶生氣？

因為孩子跟自己太像或太不像了

我最近發現自己都只會對第二個孩子生氣，我以前覺得可能是因為二寶很敏感、常常哭又很喜歡哀哀叫，我才會對他發脾氣，可是我想想之後覺得不只是因為這些原因，問題好像出在我身上。尤其我每次只要聽到他哀哀叫、或是看到他堅持己見、毫不讓步的時候，我就會反應過度。我這樣是不是想用自己的意思來操控小孩呢？

今天凌晨，他又哭著尖叫：「媽媽過來抱我！」我很兇地跟孩子說：「不要再哭了！你來媽媽這邊說『媽媽抱我』，我就抱你。」兩邊僵持不下。通常我發完脾氣之後會去抱他、或是等我恢復冷靜後，小孩就會開始邊哭邊叫地朝我撲過來讓我抱、或是真的很偶爾我忍住不生氣，就會主動走過去抱他。剛剛那場僵持很快就結束了，不過我常常都會覺得：「孩子就是想吵贏我嘛！」所以沒辦法自在地

去好好擁抱孩子。我覺得自己一直在亂發脾氣，真的好難過。——E媽

E媽你好，我收到你的信了。大家常說二寶不管做什麼都可愛，不過E媽卻反而更常對二寶發脾氣。俗話說：「用力咬十根手指頭，沒有一根是不痛的。」不過養了小孩子才知道，有的手指咬起來更痛，有的手指看起來更可愛。難道只有對孩子是這樣嗎？其實人際關係大多都是如此。同樣的行為A做的時候沒關係，不過換成是B的時候，可能就會生氣。

你在信上說你因為生氣而覺得難過，從這句話，可以感受到你背後的心情：很想知道自己為什麼會這樣，也很希望自己不偏心、公平地愛兩個孩子。我很能夠理解你的心情，我們來看一下你信件上提到的部分。

為什麼只會對第二個孩子生氣呢？

A和B明明做了一樣的舉動，卻覺得B比A更讓人生氣的原因，一般有兩種。第一種是B和我太不一樣了，第二種是B和我太像了。想知道這句話是什麼意思嗎？下面就來解釋一下。

1. 跟我太不一樣了，所以讓我生氣

大家都聽說過離婚原因第一名就是個性不合吧？當個性、行為模式不一樣的時候，我們就會覺得不舒服。如果我超級愛乾淨、又喜歡整潔，卻碰到一個家裡亂七八糟也不在意的人，兩個人相處起來沒有矛盾才奇怪；當我一邊忙著打掃整理，一邊說：「你也幫忙收拾一下。」想必對方就會反擊：「你不要再碎碎念了。」假設我連很瑣碎的細節都會想很多，對方卻都只是大概想想，雙方就很難了解彼此。要是我不喜歡把心裡的想法說出來，對方生來就愛直率地把內心話統統講出來，兩個人就會很難溝通；對方可能會覺得猶豫不決的我「表裡不一」，而我就會覺得對方把所有話都毫無遮攔地說出來「很傷人」。不一樣的兩個人一起相處的時候，想要溝通或了解對方真的都很難，所以當然會覺得生氣、鬱悶。

父母和子女之間的個性差異，也會衍生出矛盾。例如：內向的媽媽會覺得外向的小孩看起來「很浮躁」、「成天亂跑」、「不穩重」；細心又喜歡計畫的孩子如果碰到喜歡在前面帶頭、很有推動力的父母，爸媽就會幫孩子貼上「動

作太慢」、「想太多」、「行動力不足」等等的標籤。

E媽在信件內容裡對二寶做了這些描述：「敏感」、「常哭又喜歡哀哀叫」、「自我主張強烈」等等，這些特質是不是跟E媽相反呢？你比較冷靜、不敏感（正面意思），更理性、有邏輯、不會感情用事，也不會執著於自己的主張、而是會搭配別人嗎？如果是這樣的話，二寶一定會讓你覺得鬱悶又辛苦，因為你看著二寶時心裡可能會不斷浮現：「哭也解決不了問題啊，為什麼老是哭啊？」、「都已經配合你了，為什麼你還這麼挑剔？」、「我已經忍到這個程度了，你也稍微收斂一下吧！到底是要固執到什麼時候？」……

不過，並不是所有的個性差異都會衍生出矛盾，有些個性不同的夫妻相處得很好，也有些特質不一樣的爸媽、子女之間親子關係也非常融洽。會發生矛盾不是因為個性有差異，而是因為沒辦法接受彼此的差異，所以父母需要培養出包容力，否則讓孩子單方面地去適應不能接納自己的父母，對孩子來說會是一件相當痛苦的事情。

我們來整理一下親子間可能的差異吧！

・原來我偏遲鈍，你卻很敏感啊！
・我覺得A理所當然，你卻覺得B才有道理。
・這件事對我來說很簡單，對你卻很難。
・原來我喜歡A，但你喜歡B。
・我哭到這個程度就不會再哭了，可是你需要哭更久才能解氣。
・我看到媽媽生氣就不敢哭了，不過你發現我生氣時，會哭得更厲害。

孩子和我不一樣，就是不一樣，沒有任何原因。就像每個人的長相都不同，孩子的情緒、需求、反應和行為也都會和我不一樣。雖然孩子個頭小、想法也還很稚嫩，不過他也有自己固有的思考模式、情緒和需求，所以他會使出渾身解數地表現，希望自己的一切能得到媽媽的包容。

孩子原有的特質，可能會讓我覺得不舒服、被我當成問題，不過那也有可能正是孩子的優點。E媽覺得孩子的自我主張很強烈，對吧？在現在這個需要自我分析、包裝的時代，很有自己的想法是多麼優秀的能力呢？因為他們不論去到哪裡都不會氣餒、會懂得保護自己，也有比較高的機率得到自己想要的東西。E媽覺得孩子很敏感嗎？敏感換句話說就是心思細膩，意思是感官能力發達、認知能力也很出色。這類型的敏感度，一般都跟覺察、表達自己不適的能力有關，也跟能細微解讀別人情緒和需求的能力有關，這對於寫作、美術等創作領域來說，也是不可或缺的能力。

2. 跟我太像了，所以讓我生氣

第二種情況稍微更複雜一點，跟「投射」有關。人在面對外部發生的事情時，比起直接看到事情的原貌，更常用自己的框架重新解讀那件事，而且也會把自己內在所擁有的想法，當成是別人擁有的想法。這個過程在心理學上，就被稱為「投射」。

投射分為正向投射和負向投射。我們先來說正向投射，一般正向投射會出現在我們尊敬或稱讚某個人的時候。想問問E媽，你有很尊敬、很想效法的對象嗎？他身上有什麼特點讓你覺得他很了不起呢？溫暖？誠實？富有挑戰精神？不論是什麼樣的特質讓你欽佩，在E媽身上一定也有那樣的特質，只不過現在還處於發展階段，尚未開花結果而已。我們內在所擁有的，跟我們所尊敬的人身上所擁有的，就是雙方的「共鳴點」。

反過來說，你有沒有遇過這樣的人，他明明沒做什麼，你卻會討厭他、心裡不斷冒出想指責或輕視他的感覺？那很有可能是因為我們把內在的陰影面投射在對方身上，而這就叫做負向投射。我討厭自己身上的某種特質，但對方卻展現了出來，所以我才會討厭他。試著想想看，假設我最討厭的就是自己的優柔寡斷，但對方卻老是一副優柔寡斷的樣子，你有可能會喜歡他嗎？當然會覺得討厭、煩躁！即使面對我們所愛的孩子，也是如此。擔心孩子（像我以前那樣）因為優柔寡斷而感到辛苦，於是心裡就會產生一種責任感，希望能盡快幫孩子改正這些部分。

E媽描述的二寶很「敏感」、「常哭又喜歡哀哀叫」、「自我主張強烈」，這些特質E媽也有嗎？你是不是曾經把這些當成問題，為了想改變而付出很多努力？或是小時候有沒有常常因為這些特質被身旁的人罵？如果是這樣的話，E媽的過度反應就不是針對二寶，而是針對E媽自己了。

我在公寓經常碰見的一位媽媽，她每次都跟我說她女兒太過小心謹慎，總是擔心很多事情。雖然她也知道四歲的孩子沒辦法積極主動到哪裡去，不過在媽媽眼裡，光是要跟朋友說「把玩具還給我」就猶豫不決、不敢講的女兒，讓她覺得既鬱悶又擔心。那麼這位媽媽自己很擅於表達嗎？其實沒有。這位媽媽也非常內向，以前就因此吃過很多苦頭，為了改變自己費盡心思，她很不希望女兒像她一樣這麼辛苦，所以才一直坐立難安。

媽媽們都會執著於想改變孩子的內向，但那並不是孩子的問題。其實小時候孩子的個性還沒有固定下來，會覺得那是問題是因為「媽媽覺得那是問題」。分析心理學家，首爾大學醫學博士李富榮教授在《分析心理學故事》中提到：「有光就會有影子。影子每個人都有，問題出在自己不知道自己有什麼影子。」

如果E媽有特別不喜歡二寶的點，可能是因為那部分是E媽自己很想壓抑的部分，而二寶則讓E媽看見了那樣的影子。也就是說，E媽可能不是在和二寶吵架，而是在和E媽自己的影子吵架。影子不會脫離我們，因為它也是我們的一部分。別再跟影子吵了，睜大雙眼看看它吧！用好奇的目光、用充滿愛的眼神看看它吧！

我想分享一下我自己的故事，希望對E媽有幫助。我從小就有種壓力，覺得自己「不能犯錯」，我很討厭自己笨拙的樣子，常常覺得無論是對我自己還是對別人，我都應該要「絕對完美」。因為不想表現出傻傻的樣子，所以每次連說個一句話，也都會先在心裡面練習好幾十次之後再說出口。我很怕發生無法預測的情況，總是會想盡一切辦法事先做好澈底的準備，所以我幾乎從來不敢挑戰什麼。就算已經做了這些準備，還是會常碰到意想不到的情況，每當這些時候我就會因為驚慌失措而犯錯，對自己犯的錯感到丟臉，變得更加退縮。

後來，我開始涉足輔導諮詢的領域，逐漸接受自己的影子（呆傻）。現在我都會對自己說：「稍微犯點小錯不會怎麼樣。」有時明明知道會出錯，也還是會照樣去嘗試。現在我已經知道，比起因為不想犯錯而乾脆不去挑戰，不如不怕犯小錯、邊做邊學，讓自己成長。雖然我還是很害怕犯錯，但我也越來越能寬容地看待自己傻乎乎的樣子了。如果不是這樣，我想我現在也會變成一個沒辦法忍受孩子犯錯的媽媽吧？這就像是明明是自己臉上弄髒了，去照鏡子的時候卻一直不去擦臉，而是去擦鏡子一樣。

也許，E媽沒辦法自在擁抱的不是孩子，而是自己；也許，E媽討厭的並不是二寶想吵贏自己，而是怕自己的影子又會無預警地跑出來。不管今天E媽是覺得二寶跟自己不一樣而生氣，還是因為很像而生氣，追根究底問題都在於「包容」，也就是要接納二寶的個人特質，或是E媽自己的影子。包容不是灰心放棄，而是選擇直接面對現實，放過那些無法改變的事情。E媽可以試試大聲地說：「這也是有可能的。」這句話就像一句魔法咒語，能讓我們接受眼前那些令我們不滿意的狀況。

不知道我是不是說得太多了，不過我越看E媽的信，越覺得這並不只是單純在對話技巧上的困擾，而是出於內心深處的煩惱，所以我才寫了這麼長的內容。搞不好，E媽現在的煩惱只是因為二寶出生後，身體休息不夠、體力透支造成的「過勞」。如果是這樣，解決方法就是要減少家務、多抽出時間讓自己好好休息，說不定這樣一來，所有煩惱就都會不知不覺消失無蹤呢！

兒子常亂發脾氣又有攻擊性，該怎麼辦？

有問題的是孩子的行為，不是孩子

我是一個家庭主婦，分別有一個九歲的兒子和六歲的女兒。我的大兒子很難控制自己的脾氣，讓我十分苦惱。他本來的特質就很敏感、挑剔，只要跟他的計劃和期待有一點不同，他就會非常生氣、或因為覺得挫折而擺臉色給我看。他生氣的時候，手上拿到什麼就會亂丟；如果是對別人生氣，他甚至會打人或咬人。這種情況好像是從四歲開始出現的，我之前情緒上來的時候罵了他很多次，但是都管不動他，我只好拿棍子打他。可是打了他之後，反而變成更嚴重的惡性循環，孩子心裡累積了更多的憤怒，七歲時甚至被醫生診斷出有妥瑞症。於是我不斷反省自己，下定決心想當個可以包容孩子一切、給他溫暖擁抱的媽媽。

現在我會常常聽孩子說話，讓他可以多多講出自己的情緒。當他氣到兩手用力握緊拳頭、氣得吹鬍子瞪眼的時候，我就會跟他說：「原來○○這麼生氣喔！」

用這種方式告訴他會生氣是很正常的，也會叫他用氣球的大小或數字來解釋自己有多生氣，我這麼做之後，覺得他開始努力想調節自己的情緒。

我之所以想要寄信給教練，主要是因為我擔心兩件事。第一，很幸運的是現在孩子發脾氣的程度和時間已經減少很多，不過他碰到一些芝麻小事還是會發脾氣。他連無關緊要的事都會生氣，我不知道要到什麼時候才能看到他改變。另一件事情就是，當他遇到了新的環境，或是意想不到的事情，就毫不留情地大發脾氣或是鬧彆扭。再過一段時間就準備要開學了，他今年要上二年級，還要在班上認識很多新朋友，我真的蠻擔心小孩在新環境沒辦法很好地調節情緒。

有時候才剛覺得有好一點，又好像還是在原地踏步；有時候明明說服自己沒什麼關係，卻又被氣到火冒三丈……一直不斷重複這樣的循環，我跟孩子都累了。我現在真的很需要智慧教練的幫助。——H媽

你好，H媽。看到你寄來的信，我想H媽之前心裡一定很不好受吧？我看了也覺得很心疼。

之前你為了照顧敏感的兒子，因為無論如何都想好好栽培他而付出的努

力、辛勞，還有在經歷挫折時流下的淚水，在信件的文字中都清晰可見。從孩子四歲起，這五年來，你真的辛苦了。經過一番辛勞，現在兒子的情緒調節能力有了很大進展，這是多麼值得慶祝的事呢？用打的、罵的、為他擔心焦急……這些都不太有用，想必你也很有經驗吧？你已經找到很多方法，像是接納孩子原本的樣子、溫暖地擁抱孩子、幫他做情緒輔導、花時間陪他……等等。而想要繼續尋找讓孩子和自己更幸福的方法，這是父母一輩子的重要課題。在過去的五年當中你這麼努力，應該也被鍛鍊了不少。

我之所以先恭喜H媽，是想告訴你，現在你身上已經具備了足夠的能力，可以解決你目前面臨的這些煩惱。之前你絞盡腦汁、深入研究、心痛地流著淚，為兒子找到了適合的方法，相信未來也一定能如此。H媽為了讓心愛的兒子幸福，一定找過了數萬種的方法；希望我的這篇回覆，能幫H媽再少走一些冤枉路。H媽有提到，你因為兒子的憤怒調節能力而苦惱，其實這個問題並不容易，我在下筆回覆的時候也思考了很久。

掌管人類自我調節能力的大腦部位，叫做「OFC」（Orbital Frontal

Cortex，眼眶額葉皮質）。讓人驚訝的是，OFC在孩子出生三年內就會發育完成。OFC的發育需要兩個條件，第一個就是「要跟主要養育者之間形成依附關係、還有信任感」，第二個則是「適當地限制和控制」。

有些人應該知道，在孩子三歲前要儘可能給予無限的愛來擁抱他，而且不適合對他發脾氣。從孩子滿十二個月開始學走路的時候，就需要開始「管教」，才能讓孩子的自我調節能力紮根。也就是說，從出生到會走路前，需要藉由無條件付出的愛和照顧，培養孩子信任感和產生共鳴的能力；而從孩子開始會走路之後，就需要一併給予適當的指導和限制，像對孩子說「不行」、「危險」等等，幫助他發展調節自己的情緒和行動的能力。

到滿三歲之前，如果自我調節的硬體設備有好好地定型的話，接下來一直到六歲，就會發展內部的軟體設備，像是：社會規範和規則、掌握情況的能力、解決問題的能力、正確的生活習慣、親社會行為、承受挫折的能力、抵抗誘惑的能力、工作記憶能力等等。

那已經脫離那個時期的孩子怎麼辦？是不是錯過了決定性的時期就注定會

失敗呢？不，並非如此。不同於專門研究人類心理障礙和病理現象的「傳統心理學」，在特別用科學方法研究人類幸福和優勢的「正向心理學」指出一項事實：人類一輩子都在成長和發展。

大腦的發達會持續一輩子。從這方面來說，無論是H媽或是你的兒子，今後都能夠不斷變化並成長。只是要消除已經形成的行為模式，再建立新的行動模式會需要一些時間，但絕對能做到。

在教導子女正確的行為之前，首先要時常觀察：「孩子看待我的情緒狀態是不是良好？」因為在一般情況下，我們討厭的人所說的話，就算是對的，我們也會不想聽。這種時候越想教他，孩子就越會拒絕學習。第一件事一定要先建立親密關係。相反地，如果彼此的感情很牢固，即使狠狠地訓了對方也不會產生副作用。

所以請經常觀察以下兩點：

- 孩子喜歡我嗎？

・孩子有沒有準備好要聽我說話？

如果你對這個問題不是「Yes」，H媽的擔心、教導對孩子來說也會變成嘮叨。這時就要增加溫暖對話的比例，下面我們來看個溫馨對話的例子。

・關心：你最近覺得什麼菜最好吃？／這禮拜有什麼有趣的事？

・產生同感：你撞傷了，覺得又痛又煩吧？／上學很有壓力吧？

・傾聽：你說爸爸不讓你玩遊戲，讓你覺得很煩對吧？／是朋友先挑釁，你才打他的吧？

・認定：你比上次更不隨便生氣了，做得好！／你會自己整理書包，真是有責任感的乖小孩。／媽媽為你感到驕傲。

・接受：原來如此，也是可能會發生這種事。

・鼓勵：以後一定會做得更好的，你正在努力不是嗎？

・感謝：剛才你關心我、問我好不好，真的很謝謝你。／謝謝你在我準備晚餐的時候幫我端菜。

• 恭喜：這次成績進步了耶！你努力了，結果也很好，恭喜你。

• 愛：爸爸和媽媽都很愛你。／你出生的時候，媽媽最高興了。／謝謝你來到我身邊。

相反地，建議、忠告、抱怨、教導、管教和嘮叨、威脅和懷柔等等，這些都會讓關係變得疏遠。一位有名的情緒諮商博士約翰・高曼（John Gottman）提到：「溫馨對話」和「疏遠對話」的理想比例是五比一，也就是說想管教一次，就要先溫暖地擁抱孩子五次，這樣他的情緒才能穩定，自尊感也才會跟著提高。

不管孩子有多大的問題，也不可能一切都是問題。孩子有屬於自己的快樂和幸福，他們也有足夠的力量來解決這些問題。例如一個容易皮膚過敏的孩子，父母如果只把焦點放在解決孩子過敏的症狀，就很容易錯過孩子的整體存在。即使患有皮膚過敏，孩子還是有幸福的時候，也有自己擅長的事。同樣的道理，解決兒子的情緒調節問題固然是一項課題，不過千萬別忘了你的兒子正在盡他的全力付出努力，他可能有苦衷，但也有無限的力量和可能性。

可以多認定並稱讚孩子，不要只在他做好的時候有條件地稱讚他，也不要為了引導他做出我們想要的行動而稱讚他，而是像幫他照鏡子一樣如實呈現，讓孩子看見自己所有好的部分吧！即使結果不好、即使還沒有達到目標、即使不比其他孩子優秀、即使達不到父母的期望，也請認可孩子吧！用言語讓孩子聽見你認可他的努力、他想到的好點子、他比昨天更進步的部分。父母認可孩子多少，孩子也會認可自己多少。

要盡量增加孩子幸福的瞬間，讓他擁有更多放鬆、投入、幸福的體驗。如果他喜歡和家人在一起，就花更多的時間和家人相處；如果他喜歡遊樂場，就常常去遊樂場玩吧！就算現在碰到一些問題，孩子也依然擁有幸福的權利、享受當下的權利、表達快樂和悲傷的權利，或是討厭他討厭的東西。就算找到了調節情緒的好方法，但如果孩子感到痛苦的話就不要實行。專家建議的方法又如何？如果對我的孩子行不通，就不是好方法。再努力一下又如何？如果只是一味強迫，就會出現副作用。

父母要把愛多表現出來。家庭治療師維琴尼亞・薩提爾說：「每天孩子都會要我抱好幾次。每個人一天要被擁抱四次才能生存，而至少要擁抱八次才能讓心情變好。」愛是生存的必要條件，所有人都渴望得到愛。從父母身上得到的愛更是珍貴，是能讓孩子走向現實世界、披荊斬棘也繼續堅持前進的基礎。而無條件的愛、對孩子本身存在的那份愛，更是所有問題的解藥。請你擁抱他、安撫他、把愛說出口、做他喜歡吃的食物、和他開心地邊玩邊笑吧！也要把孩子出生時我們抱著他的那份悸動告訴他，讓他知道無論他做錯了什麼、出了什麼糟糕的問題，他依然都是值得被愛的寶貴存在。還有，也要告訴他我們有多麼期盼他可以健康、幸福。當孩子撞到椅子、生氣地打椅子時，不要訓斥孩子：「你應該要控制好情緒啊！怎麼這樣？」而是帶著同理心問問他：「你手很痛吧？心裡很煩嗎？」

還有，一定要介入孩子的問題行為。當孩子做出危險或暴力的舉動時，一定要干預，但不要強迫他。我們心裡要記得：「我想幫助你成長。」如果用發脾氣（你到底怎麼了？）、處罰（打人就不能繼續玩）、威脅（你再犯的話，我就真的生氣了）等方式處理，雖然能在那瞬間糾正他的行動，但最終還是不會有任何效果，反而會傷害彼此的關係。下面列出幾個建議，讓你在尊重孩子的同時，也可以對孩子的行為變化有好的影響。

1. 提問

- 你覺得剛剛被你打的朋友心情怎麼樣？
- 朋友故意跟你唱反調，你覺得怎麼辦比較好？
- 朋友很難過，你想怎麼做呢？

2. 分享心得

- 媽媽擔心你在學校的生活會很辛苦。
- 你已經沒有遵守約定好幾次了，媽媽現在也不知道該怎麼辦。

3. 給他選擇權

- 下次你再打人的話，你想受到什麼懲罰，你自己選吧！不能玩遊戲一次和扣一次零用錢，你想選哪一個？

4. 提出建議

・朋友做了什麼讓你不喜歡的事，就用講的告訴他吧！
・跟朋友意見不合的時候，先離開那個位子你覺得怎麼樣？

5. 訓練

・朋友搶你的東西時，你不可以打他，而是要說「還給我」。來，我們一起說一次。

H媽，新學期即將到來，看到兒子壓力很大，你心裡也一定覺得很沉重吧？既怕孩子再惹出麻煩，也擔心今年學校生活從一開始就搞砸吧？因為這種心情，就更急著想解決孩子的問題，不過別忘了孩子自己現在也正盡全力努力著。你說他從小就是個敏感的孩子，所以對他來說，他應該會覺得要熟悉新教室、新老師和新朋友很難，也一定會非常有壓力。越是這種情況，父母越要給他一個溫暖的擁抱，跟他說：「你今天也辛苦了，很累吧？」或是鼓勵他：「你之後一定會做得更好的！」用這些方式幫助孩子穩定情緒。還有，他上學回來之後先不要讓他待在陌生的空間裡，或參加大型團體活動，讓他可以一個人，或是跟幾個人一起度過安靜又親密的時間。

最後，拜託H媽一定要照顧好自己。要吃好、睡好，最少要讓身體和內心有一定程度的休息。也可以請先生幫忙，告訴他因為孩子需要愛，我們可以怎麼怎麼做。然後當你心情很亂、覺得累的時候，就找一個可以依靠的人吧！這時的你需要一個能讓你說出心裡話、無條件支持你的人。

現在這時候，著急才是最大的敵人。每次覺得著急時就深呼吸，然後對自己說：「一切都會好起來的。」真的，一切都會好起來的。

六歲小孩還有分離焦慮症，我真的好累

越想消除不安，不安就會變得越大

我孩子現在六歲了，在三十六個月大之前，他完全聽不懂我說什麼，那時候我真的很常生氣。幫他穿衣服、刷牙、餵他吃飯都像在打仗一樣，也很難出門去跟人見面。孩子非常固執又愛耍賴，我每天只好緊緊地抱著他，逼他不要亂動……日子就這樣一天天過，一過了三十六個月，我發現孩子從那時候開始就不會再反抗我，反而還懂得看我臉色。

後來等他五歲，我們開始送他去幼稚園，他卻出現分離焦慮症，每天早上都哭著說不想去上學……，雖然老師都說他在幼稚園適應得很好，可是早上要跟他分開都要費很大一番功夫。現在已經讀了一年的幼稚園，放寒假前的三個月好不容易比較適應了，結果放完假開學又變得很難和我分開。

每次我瞬間覺得很煩躁、或是生氣的時候，一看到孩子畏縮的樣子我就會努力忍下來，雖然不用再像以前那樣嚇唬孩子，不過看到孩子現在這樣，還是會覺得心疼。我現在好想學習怎麼發火，才能讓孩子不受傷。——S媽

S媽，你的故事我收到了。從信裡可以感受到你深深的後悔、還有急切想改變的心情。之前我辦父母教育講座的時候，偶爾會遇到一些五六十歲的家長懊悔地跟我說：「在孩子小的時候，為什麼我不懂得用其他方法教他？」他們非常後悔、也很自責，為了改變自己而竭盡全力。但其實後悔就是「改變」的原動力。

到現在，S媽當了六年的媽媽，不過還算是帶小孩的新手，以後教養的日子還很長。因為S媽非常後悔，所以我想往後你變化的幅度一定也會很大。就把這次機會當成改變的契機，未來的育兒路就能更舒適、更穩定地走完。

一般分離焦慮症會從出生後七到八個月左右開始，一直持續到三歲為止。如果這段期間，孩子的不安都被很好地處理，一般到了三歲就會消失。萬一過了三歲還是有分離焦慮症，就表示要先著重處理孩子情緒上的穩定。

你在信件提到孩子很難跟媽媽分開，因為現在孩子最想依附的就是媽媽才會這樣，不過幸好至少他願意黏著媽媽。如果情緒不穩定的孩子都沒有對任何人表現出他的痛苦，反而會一直壓抑在他心裡。在這種情況下，表面上看起來是沒什麼問題，但是以後可能會惹出更大的麻煩。而且，老師說他到幼稚園滿能適應的，這點也算是很幸運。雖然從父母的立場上看可能會覺得：「如果在那裡適應得很好，為什麼出門還會那麼辛苦？」不過孩子知道為什麼：因為跟媽媽分開之後，反正也沒有其他的替代方法，不如好好適應。孩子會用他自己的方法來面對辛苦，這點我真的很想為孩子鼓掌。

最明顯的是，現在孩子還是會感到不安，特別是早上跟媽媽分開的時候感覺和表現出來的情緒也特別強烈。這時父母當然會希望孩子能平復不安的情緒，按時到幼稚園上課，所以就會嘗試用各種方法想消除孩子的不安感，把孩子送到幼稚園。

通常爸媽會這樣說：

・馬上就能跟媽媽見面了，只要分開一下子就好。
・去上課回來再和媽媽一起開心地玩。
・上次不是講好了要乖乖去幼稚園嗎？為什麼又這樣？
・不會因為你一直哭就不用去幼稚園上課的，不要哭了！
・耍賴也沒用。一定要去幼稚園。
・哪有那麼可怕？去幼稚園的話，那裡朋友很多，玩具也很多耶！

如果孩子沒有乖乖地聽從這些話，有時候爸媽的行動也會變得更粗暴一點。比如狠狠地瞪著孩子、強迫他穿好衣服，或是威脅說要把孩子喜歡的東西拿走。雖然這些話和行動都是出於好意，是為了要解決問題（孩子哭著不去幼稚園的這件事），但也許現在父母們都已經知道，那麼做是沒什麼幫助的。

本來做出這些舉動是想消除不安（包含不安的所有負面情緒），卻沒辦法消除不安。我上課常要求學員：「不要想蘋果。」大家雖然不想去想，不過在聽到「蘋果」的時候，腦中就會瞬間想到蘋果。如果是聽到「不要想到檸檬」，可能所有人的腦中馬上就會浮現出或黃或綠的檸檬，甚至分泌出很多口水吧？就像佛洛伊德說的，我們的下意識反應區塊無法感覺到負面情緒，而且不論想法、情緒，或是身體的生理反應，都不是靠「努力」就能調節的。

哈佛醫學院的心理系臨床導師克里斯托弗・K・杰默（Chritopher K. Germer）說過：「越是接受心中的不安，不安就越少；越是無法接受，不安就會越大。」意思就是，不是要去「消除」不安，而是要讓不安「消失」；這表示，就算我們說「不要覺得不安」，這也對擺脫不安沒有什麼太大的幫助。大家應該有過這樣的經驗：我們在擔心什麼的時候，如果朋友說：「不要太擔心。」我們就會覺得：「有誰是因為想讓自己擔心才擔心的？就是自然而然會覺得擔心啊！」的確，我們所有人都希望可以帶著平和的情緒生活，但是我們不想擁有的情緒卻會突如其來地找上門，這都是因為我們想要的東西（需求、欲望、價值等）沒辦法被滿足。不是努力不去感受那些情緒，那些情緒就不存在，其實我們只要滿足自己的需求就可以解決這個問題。

那麼，該怎麼做才能讓孩子的心情平復下來，讓他想去幼稚園上課呢？最重要的就是要包容孩子的不安。

當孩子表現出不安時，別對他說：「不要這樣。」、「就算這樣還是要去幼稚園啊！」等，用這些話否認他的情緒或強迫他做出正確的行動。該先說的，也要說最多的是：「一想到要跟媽媽分開，你就很不安吧？」

除這句話之外，下面我再列出一些可以包容孩子情緒和需求的說話方法：

・雖然跟朋友一起玩很好玩，可是你更想跟媽媽在一起才會這樣啊！
・你一定是覺得很不安才會這樣耍賴吧？看來你真的很害怕。
・媽媽以前小時候也跟你一樣這麼不安。
・你這麼不想跟媽媽分開啊！你怕媽媽不會來嗎？
・你很喜歡媽媽，所以才這麼想黏在媽媽身邊對不對？
・你有沒有遇到其他困難？跟媽媽說一說好不好？
・是因為你想和媽媽一起玩才這樣的嗎？

有些人可能會擔心如果認定了他的需求，有可能他就真的不去上學了。不過事實並非如此。當我們越是去傾聽孩子說的話，孩子也越會聽媽媽的話。孩子會覺得：「原來媽媽懂我的心情啊！」然後逐漸找回安定感。萬一碰到從來沒有聽過這種話的孩子，一開始他可能會耍賴得更嚴重。因為感覺媽媽會接受自己，所以就都把不安表現出來。這時候就算我們心裡想到：「你是不是覺得媽媽好欺負才這樣？」、「把孩子寵壞了怎麼辦？」也請試著接納孩子所有的情緒吧！這時孩子就會感受到他在情緒上跟媽媽有相互連結。

孩子身上可以容納情緒的容器，還只有醬油碟子那麼小而已。想把這個容器培養得更大，方法就是要對孩子所擁有的情緒給予「無條件的尊重」。甚至在孩子生氣、煩躁、傷心哭鬧的時候，也要尊重孩子的「情緒」。還有，也試著找出那些情緒背後的需求吧！當孩子的情緒和需求都得到共鳴的時候，他就會自動停止哭鬧。

當然，不是包容完情緒就結束了，我們還要「讓孩子去幼稚園上課」。如果只是跟孩子說「有可能會這樣啊」、並接受他的情緒，他就無法具備自我調節能力，甚至可能會變成情緒一來、想怎樣就怎樣的孩子，沒有禮貌、不懂規矩。所以每個階段一定要用對方法，引導孩子做出正確的行動。

讓對方做出正確行動的方法有很多，不過像是強迫、威脅、恐嚇、讓他自責或覺得丟臉、體罰等等，這些方法都伴隨著副作用。等到孩子身體跟精神上的力量越來越強的時候，父母的話就會失去效果，甚至連親子關係也會越來越不好。還有很多人會用補償的方式，給孩子讚美小貼紙或玩具等等，這種方式也有陷阱，補償的東西要越來越大才會有效，而且還會妨礙孩子培養內在動機，所以這個方法一定要在必要的情況下再使用。

唯一不會有副作用、還能引導對方依照我們想法去做的方法，就是讓對方「喜歡」。意思是要站在孩子的立場上，讓他們自己喜歡去幼稚園。

下面列出四個可以促進孩子心理變化的方法。

1. 跟孩子聊聊幼稚園的好處

就算孩子說不喜歡去幼稚園，也不可能是完全不喜歡幼稚園，一定還是會有喜歡的地方。可以跟孩子聊聊他遇到的問題、討論怎麼解決，讓孩子自己找出解決方法。就算只有一點點也沒關係，積極地問問孩子喜歡幼稚園的地方，孩子一邊回答的時候就會一邊說服自己。

- 聽老師說你今天在幼稚園玩得很開心，你覺得什麼最有趣？
- 你最喜歡的朋友是誰？
- 今天中午有什麼好吃的菜嗎？
- 聽說今天你在特別活動上吹了陶笛耶！好棒喔！
- 聽說明天會吃你喜歡的丸子喔！哇，好開心！

2. 肯定他去幼稚園這件事

如果想等孩子表現好、達到標準的時候、或是比別人優秀才肯定他，就會沒什麼好說的。肯定這個舉動，可以讓孩子身上的潛力種子發芽、綻放光芒，可以慶祝孩子的發展，也可以鼓勵孩子邁向更好的未來。說出肯定孩子的話時，孩子就會覺得非常有成就感。

- 你應該很想媽媽吧？可是你今天乖乖去上學了，做得真好！

・你昨天哭了十五分鐘，今天只哭十分鐘耶！變得更勇敢了！
・你覺得不安也還是決定要去上學啊！媽媽真為你驕傲。
・老師說你今天在幼稚園表現得很好，媽媽聽到真的好開心。
・你比一個禮拜前哭得還要少耶！你再去一個月就更像一個小哥哥了。

3. 結交喜歡的朋友

當孩子們喜歡幼稚園的朋友或老師時，就會更想去上幼稚園。如果有很要好或很合得來的朋友，可以邀約他們一起去兒童餐廳或公園玩。如果孩子屬於外向型（擅長表現自己、比較會社交），這個方法會特別行得通。要是孩子屬於內向型（很害羞、需要比較長的時間跟別人變熟），就可以先從約一個朋友、相處一兩個小時開始，之後再逐漸增加一起玩的人數和時間。

4. 提高跟孩子相處時的「品質」

孩子從幼稚園回來之後，先至少花個十分鐘看著孩子的眼睛，一邊碰碰他、一邊跟他分享悄悄話。可以跟他聊聊「媽媽也好想你喔！」、「今天去上學覺得怎麼樣啊？」。要去市場買菜、洗碗、網購，或是突然有電話要接，這些都暫時放在一旁，先跟孩子面對面說話，大概保留一個小時的時間，仔細聽他說他想玩的遊戲、想讀的書、想去的地方，也適時地回應他。這麼一來，就算孩子跟媽媽分開了一天，也能趁這個機會建立親子間穩固的依附關係。

S媽覺得如何？對你有幫助嗎？希望這些建議裡面有適合你和孩子的方法。在閱讀這篇文章的過程中，如果能激發出更好的點子，也算錦上添花了。

你說在孩子三歲前，常常對他發脾氣，雖然不知道是出於什麼樣的原因，不過當時發出來的怒火會在孩子身上留下傷口，到他傷口癒合為止都要幫他擦擦藥，如果有機會的話也要向孩子道歉。請重新建立起孩子的信任感、自尊心。當然以後一定也還有恢復的機會，不過時間越久，需要的恢復時間就越長。上了國小後，孩子還會額外面臨「念書」的壓力，希望在這之前你們就能擁有牢固的親子關係。

結語 現在這一刻的選擇，會改變明天與未來

二十五歲的薩拉‧柯明斯（Sarah Cummins）住在美國的印第安那州，她在婚禮前一個禮拜接到了婚約解除通知書。和男朋友交往了四年後，對方卻突然消失、音訊全無。這對薩拉來說是多麼大的打擊呢？

不過她根本沒時間平復自己受到的衝擊，因為她還要聯絡通知一百多名賓客，告訴他們婚禮臨時取消了；還要取消結婚禮堂的租用、和蜜月旅行的行程。更雪上加霜的是，她花了三萬美金（約九十萬台幣）訂的結婚禮堂，一分錢都不能退款。如果今天是我們遇到這種情況，我們會怎麼做？

薩拉的選擇出乎所有人意料，她決定舉辦一場派對來邀請那地區的街友。她計劃跟一百七十位街友共進晚餐，一起享用鮭魚、牛排、各種開胃菜和甜

點。她的舉動感動了附近的一些團體，他們決定為這些街友們準備西裝、禮服和接駁公車。對於露宿街頭的他們來說，這是一次多麼奢華的體驗？

薩拉的決斷令人感動，對吧？

當生活中發生痛苦的事情時，我們常常會想：「為什麼偏偏是我？」並逃避現實，或覺得：「你竟敢這樣對我……」同時指責對方，或者是認為：「為什麼我會變成這樣？」然後開始自責，又或是想著：「我的人生完蛋了。」並陷入悲觀、絕望。把原本只有十的痛苦擴大成一百、擴大成一千，然後身陷在痛苦的泥沼中掙扎。

但是那件事已經發生了，已經發生的事也沒辦法改變或重來。批評對方也許能暫時讓你覺得暢快，卻無法讓我們的傷口復原；而受到指責的對方也不會道歉、不會解釋。批判自己就更是一種悲劇了，就是發生了這麼一件事，我有什麼罪呢？

人生不會就此結束，只要做個深呼吸，然後我們的生活就會繼續下去。而且現在這一刻的選擇，會改變明天的未來。

以前的我是一個為了順從外部權威，連話都說不出來的人。高中三年級時我很自卑，班導師往我校服裡、脖子上倒冰水的時候，我連一聲都不敢吭；就算加班也因為公司是責任制而不敢跟老闆要求加班費；在公司擔任組長之後又被調回去當一般職員，我也不敢哭訴或伸張自己的權益，連跟別人商量都沒辦法。就這樣在外面跌跌撞撞，一回到家就常對著無辜的家人鬧脾氣，軟弱無力地過了好幾天。我真的很討厭這樣的自己。

然而，我當教練已經十一年了，現在我至少可以觀察出我自己的心了，在必要時表達情緒也不再是那麼難的一件事。慢慢地，我越來越常對比我強勢的人大聲說話，透過受傷的經驗學會怎麼在人際關係中保護自己，也越來越熟悉怎麼在情緒瀕臨崩潰的時候拯救自己。雖然我看著變化速度很慢的自己也常常覺得鬱悶，但是我為了可以在能力所及的範圍裡有更好的選擇而不斷努力，這一點一滴的變化積累下來，也造就出了我的現在。我現在的生活，就是我過去夢寐以求的未來。

然後，我也把這些智慧跟女兒分享。我女兒的特質很小心謹慎、喜歡探索，當她遇到毫無顧忌又直率的朋友時，總是會在朋友關係遇到麻煩。我很能了解，因為我自己也深切地感受過這種困難，所以我有時也會帶著孩子到比她年紀大的人面前，讓她練習表達自己的意見。

往後我很想繼續努力，幫助更多的女性、孩子活出他們自己，釋放他們被壓抑的情緒、找回自己消失的聲音、建立屬於自己的幸福家園。這本書是這段旅程的小小里程碑，深切地希望這本書能讓媽媽們離心靈的和平更近一步。

附錄

1．情緒清單

2．需求清單

1. 情緒清單

下面列出了我們在日常生活中經常會感受到的情緒。

(1) 我很生氣，可是我很難了解自己的真正情緒

(2) 家人生氣了，我想找出他的真正情緒

(3) 我想要回顧一下自己一整天的情緒如何

(4) 我想要用正確的言語表達出我現在感受到的情緒

從下表找出適合的詞。如果還不習慣察覺情緒，可貼在顯眼處隨時看。

自信	滿足、有自信、確信、自豪、驕傲、有成就感
幸福／滿足	心情好、開心、快樂、幸福、心滿意足、喜悅、愉快
舒適	不緊張、安靜、放鬆、平靜、淡然、滿足、從容、淡定
趣味／興奮	享受、有趣、內心澎湃、充滿喜悅、悸動、興奮、飄飄然

希望／活力	期待、有勇氣、有自信、樂觀、熱情的、被鼓舞

愛情／感動	吸引人、深情、溫馨、多情、內心洶湧、辛酸、神奇

恐懼／不安	著急、害怕、忐忑、悚然、僵硬、恐懼、害怕、心跳很快、焦急
憤怒／厭惡	憤怒、發火、神經質、煩躁、火冒三丈、氣憤、窩火、不痛快
羞愧／自責	困惑、抱歉、尷尬、害羞、羞愧、沒臉見人
悲傷／無力	沒力、流淚、泄氣、傷心、惆悵、憂鬱、悶、沒勁、絕望、怯懦
孤獨／被隔絕	空虛、寂寞、思念、孤獨、孤立、不捨、有距離、封閉、無聊
疲勞	筋疲力盡、透支、疲憊、倦怠、無聊、乏味、沒意思
壓迫感	苦惱、煩悶、煩躁、負擔、難堪、不自在、厭煩、敏感
混亂／痛苦	不痛快、不放心、心亂、不安定、散漫、煩心、驚詫、心痛、心碎、悲慘、受傷、委屈、痛苦、怨恨

* 參考馬歇爾・盧森堡（Marshall B. Rosenberg）著作《非暴力溝通》及金海坤著作《真正的對話》製表。

2. 需求清單

以下是所有人普遍擁有的需求清單。

(1) 想釐清自己想要的是什麼
(2) 想了解我產生情緒的原因
(3) 想理解對方生氣時是需要滿足什麼樣的需求
(4) 在矛盾的情況下，找出雙方沒有被滿足的需求

有上述需求的時候請參考需求清單。當我們明確了解並努力達成自己的需求，我們才能度過更滿足且幸福的生活。

需求	內容
生存需求（關於身體和心理安全）	飲食、居住、休息、睡眠、身體接觸、性別表達、性欲、情緒安全、身體安全、經濟安全、照顧和保護、自由活動、健康、溫暖和溫柔

需求	內容
愛的需求（關於歸屬感和相互依存）	親密關係、聯繫、紐帶、對話、溝通、關懷、尊重、認同、希望被了解、希望了解別人、貢獻、奉獻、支持、合作、感謝、理解、關心、友情
力量需求（關於成就和認定）	平等、自信、存在感、能力、認可、自我表現、重視、尊重、目標、效率、熟練、專業、挑戰、成就、生產
自由需求（關於自律性和選擇）	選擇、獨立、解放、自我的空間和時間、可控性、主動性、自我調節、自我控制、主導性、主觀、做自己
玩樂需求（關於遊戲和學習）	趣味、遊戲、學習、成長、幽默、刺激、發現、挑戰、感悟

＊參考威廉・葛拉塞（William Glasser）的需求理論製表。

台灣廣廈國際出版集團
Taiwan Mansion International Group

國家圖書館出版品預行編目（CIP）資料

高情商媽媽的說話術：薩提爾模式×非暴力溝通，第一本教你將怒氣轉為正向教養力的親子對話指南 / 金芝惠著;丁睿俐翻譯. -- 初版. -- 新北市：台灣廣廈, 2022.01
面； 公分
ISBN 978-986-130-525-7
1.親職教育 2.情緒管理

528.2 110020342

高情商媽媽的說話術

薩提爾模式×非暴力溝通，第一本教你將怒氣轉為正向教養力的親子對話指南

作　　者／金芝惠
翻　　譯／丁睿俐
編輯中心編輯長／張秀環・**執行編輯**／周宜珊
封面設計／何偉凱・**內頁排版**／菩薩蠻數位文化有限公司
製版・印刷・裝訂／東豪・紘億／弼聖・秉成

行企研發中心總監／陳冠蒨
媒體公關組／陳柔彣
綜合業務組／何欣穎
線上學習中心總監／陳冠蒨
數位營運組／顏佑婷
企製開發組／江季珊、張哲剛

發 行 人／江媛珍
法律顧問／第一國際法律事務所 余淑杏律師・北辰著作權事務所 蕭雄淋律師
出　　版／台灣廣廈
發　　行／台灣廣廈有聲圖書有限公司
地址：新北市235中和區中山路二段359巷7號2樓
電話：（886）2-2225-5777・傳真：（886）2-2225-8052

代理印務・全球總經銷／知遠文化事業有限公司
地址：新北市222深坑區北深路三段155巷25號5樓
電話：（886）2-2664-8800・傳真：（886）2-2664-8801
郵政劃撥／劃撥帳號：18836722
劃撥戶名：知遠文化事業有限公司（※單次購書金額未達1000元，請另付70元郵資。）

■出版日期：2022年01月
ISBN：978-986-130-525-7
■初版9刷：2024年3月